www.ingramcontent.com/pod-product-compliance
Ingram Content Group UK Ltd.
Pitfield, Milton Keynes, MK11 3LW, UK
UKHW060358300726
14090UKWH00001B/4
* 9 7 8 2 4 9 1 6 1 5 1 3 0 *

نه حجاب اجباری

نه دین اجباری

نه حکومت اجباری

مریم رجوی

نه حجاب اجباری، نه دین اجباری، نه حکومت اجباری

مجموعه حاضر شامل ۶سخنرانی مریم رجوی است که در اجتماعات و کنفرانس‌های برگزار شده به‌مناسبت روز جهانی زن در سال‌های ۲۰۱۵ تا ۲۰۱۷ ایراد شده است.

شماره ثبت: ۹۷۸۲۴۹۱۶۱۵۱۳۰

تاریخ انتشار: مرداد ۱۳۹۶(اوت ۲۰۱۷)

انتشارات شورای ملی مقاومت ایران

فهرست

مبارزه علیه استبداد مذهبی حاکم بر ایران؛ مسئولیت مبرم همه زنان

در یک میزگرد به مناسبت روز جهانی زن(مارس ۲۰۱۷) تحت عنوان «رهبری زنان، تجربه مقاومت ایران» در تیرانا، با شرکت شماری از محققان و مبارزان جنبش برابری، مریم رجوی، تجربه زنان مقاومت ایران را در اختیار شرکت‌کنندگان قرار داد. متن کامل سخنرانی مریم رجوی در این میزگرد را در این صفحات می‌خوانید:

مبارزه زنان ایران برای به‌دست‌آوردن آزادی و برابری یک و نیم قرن سابقه دارد. تاریخ‌نگاران ایرانی و غربی که تحولات ۱۵۰ سال اخیر ایران را بررسی کرده‌اند، به‌روشنی این واقعیت را گواهی کرده‌اند. به‌علاوه، در این سال‌ها زنان پیشگامی را می‌بینیم که به‌رغم سلطه سیاست‌ها و فرهنگ استبدادی و زن‌ستیز برخاسته‌اند و در پهنه‌های مختلف شایستگی خود را نشان داده‌اند. مهم‌ترین شاخص این پیشتازی، حضور شجاعانه آن‌ها در میدان مبارزه علیه استبدادهای حاکم بر ایران در همین دوره است.

این عالی‌ترین و جامع‌ترین نشانهٔ پیشرفت یک جامعه است.

به‌چه میزان این یا آن جامعه برای دستیابی به‌توسعه و پیشرفت حقیقی به‌حرکت درآمده است؟ به‌میزانی که برای آزادی و برابری تلاش می‌کند.

بدون برابری، هر پیشرفتی در زمینه‌های سیاسی و اقتصادی و اجتماعی اولاً اثرگذار نیست ثانیاً پایدار نیست و واگشت می‌خورد.

از این نظر، قیام‌های منجر به‌سرنگونی دیکتاتوری شاه در سال ۱۳۵۷ شاهد یک جهش در ایران بود. پدیده نوظهور حضور زنان در تظاهرات خیابانی در مقیاس وسیع و بسیار چشمگیر بود. این نشانهٔ تمایل گسترده جامعه ایران به‌پیشرفت بود. در عین حال به معنی بروز یک تناقض هولناک بود:

از یک طرف قدرت سیاسی حاکم به‌سرعت مواضع ارتجاعی و استبدادی در پیش گرفته و دچار ارتجاع و عقب‌گرد وحشتناک می‌شد؛ از طرف دیگر جامعهٔ ایران وسیعا خواستار آزادی و دمکراسی بود و درحال خیز برداشتن به‌جلو بود. این تناقض در اولین قدم‌ها به‌تصادم بزرگی انجامید و بربریت و توحش رژیم جدید، انقلاب ایران را در خون فرو برد.

زنان در مقاومت ایران

در رویارویی با رژیم ولایت فقیه، شرکت فعال زنان یک تحول بزرگ بود که سنگ بنای مقاومت در برابر این رژیم را گذاشت.

شرکت زنان در این مبارزه از نظر کمی گسترده بود. و از نظر کیفی بسیار جنگنده، اثرگذار و فداکار.

در مبارزه با رژیم بنیادگرای حاکم ده‌ها هزار زن شکنجه شدند یا به‌شهادت رسیدند. این وقایع به‌خصوص در دهه ۱۳۶۰ رخ داد.

اگر زنان انگیزه‌های نیرومندی نداشتند و اگر به افق روشن و پرشکوهی چشم ندوخته بودند، به‌طور قطع مرعوب شکنجه‌ها و کشتارهای بی‌رحمانه‌یی می‌شدند که در تاریخ معاصر کم‌نظیر است. اما این سرکوب‌ها آن‌ها را مصمم‌تر کرد. در تحولات پس از انقلاب ایران، نقش زنان به سرعت ارتقا یافت. آنها محور جنبش و نبرد شدند.

امروز زنان عمده مواضع هدایت‌کننده و کلیدی در جنبش مقاومت را به‌عهده گرفته‌اند. در پارلمان مقاومت نیز بیش از ۵۰درصد اعضا را زنان تشکیل می‌دهند. آنچه رهنمون عمل زنان در مقاومت ایران بوده، در چند نکته خلاصه می‌شود:

نخست این که مبارزه زنان این جنبش برای برابری، با مبارزه برای آزادی ایران، عمیقاً آمیخته بوده و هست. بنابراین استبداد حاکم را که یک استبداد مذهبی است، هدف قرار داده و با اجبارات دینی، زن‌ستیزی، و تبعیض‌های ضدانسانی‌اش در افتاده است.

دوم، با شیءانگاری زنان به‌یک مبارزه ریشه‌یی دست زده و جنسیت‌گرایی را که ایدئولوژی و دیدگاه کانونی نابرابری است، نفی کرده‌اند.

سوم، مسئولیت خود را در هدایت این جنبش یافته‌اند و این حقیقت را کشف و سپس در عمل اثبات کرده‌اند که نقش هژمونیک زنان در این

پایداری یک مکانیسم رهایی‌بخش است.
چهارم، زنان پیشتاز هم‌چنین مبارزه خود را با تلاش و مبارزه مردان مقاوم و برابری‌طلب این جنبش همراه کرده‌اند و این امر را بخش مهمی از مسئولیت خود دیده‌اند که مردان این جنبش را در مبارزه علیه نابرابری و نگرش و فرهنگ مردسالارانه یاری کنند.

ظهور بنیادگرایی اسلامی

زنان ایران در مبارزه خود، دارای تجربه‌های ذیقیمتی هستند. این تجربه‌ها در مبارزه با استبداد مذهبی حاکم بر ایران، یعنی سرچشمه بنیادگرایی اسلامی به‌دست آمده است.
بررسی تاریخچه شکل‌گیری بنیادگرایی و یادآوری ماهیت آن، این موضوع را بیشتر توضیح می‌دهد:
از اواخر قرن ۱۸ و اوائل قرن ۱۹، در منطقه‌یی که عمده کشورهای اسلامی در آن واقع است ـ از آفریقای شمالی تا قفقاز و آسیای میانه تا اقیانوس هند ـ تحت تأثیر دگرگونی‌های بزرگ سیاسی، اجتماعی و تکنولوژیک جهان، مردم به مبارزه برای تغییر سرنوشت خود رو آوردند؛ مبارزه برای کسب آزادی، استقلال، حاکمیت قانون و پیشرفت اقتصادی و اجتماعی.
چرا این موج، کشورهای مسلمان را فرا گرفت؟ چرا بخشی از این موج ـ هرچند کم دامنه اما با پژواک بسیار قوی ـ به افراط‌گرایی سوق یافت و «استبداد آسیایی» چگونه برای مقابله با موج بیداری فراگیر در لباس بنیادگرایی اسلامی ظاهر شد؟
به نظر می‌رسد چند رشته عوامل دست‌به‌دست هم داده، باعث موج بیداری کشورهای مسلمان و غلتیدن بخش اعظم آن به‌افراط‌گرایی شده است:
ـ جهش‌های بزرگ صنعتی و تکنولوژیک و جهانی‌شدن فزاینده تجارت و تولید و بازارهای پولی که ملت‌های این منطقه را به‌گونه‌یی بهت‌آور

با منظره غریب و نامنتظره‌یی از جهانی تازه روبه‌رو ساخت و سبب یک فراگرد بیداری و تمایلی حسرت‌بار برای دستیابی به مواهب جهان پیشرفته غرب شد.

ـ جمعیت کشورهای این منطقه رو به فزونی نهاد و به‌تدریج بازرگانی با کشورهای غرب و روابط سرمایه‌داری شروع به نضج گرفتن کرد و مناسبات و نهادها و سنت‌های قدیمی را متزلزل کرد.

ـ در عین حال، رسوخ عمیق و دیرپای اسلام و تأثیر قاطع آن بر فرهنگ، ایدئولوژی، سنت‌ها و نهادها و قوانین حاکم بر مناسبات مردم این منطقه به‌طور طبیعی بر هر تحولی در این کشورها تأثیر گذشته است.

در چنین زمینه‌یی چند عامل مخرب، زمینه ظهور بنیادگرایی اسلامی را فراهم کرد. جهل و عقب‌ماندگی البته یکی از این عوامل است. اما علاوه بر آن، باید به دخالت‌ها و اشتباهات دولت‌های غرب در این کشورها اشاره کرد که تأثیرات فاجعه‌بار آن نظیر اشغالگری، آوارگی ملت‌ها و انهدام ساختارهای ملی کشورهای این منطقه، دافعه عمیقی علیه کشورهای غرب ایجاد کرد. این حقیقتی است که امروز بسیاری متفکران در غرب و حتی سیاستمداران در این کشورها تأیید می‌کنند. دولت‌های غرب در حمایت از رژیم‌های دیکتاتوری باعث نابودی طبقه متوسط، رشد

ناموزون اقتصادی و اجتماعی این کشورها و از بین بردن احزاب ملی و جنبش‌های آزادی‌خواه شدند.
وقایع بزرگی نیز که جهان اسلام در قرن بیستم شاهد آن بود، هر کدام در زمینه‌سازی ظهور بنیادگرایی اسلامی یا تشدید آن تأثیر داشت؛ از جمله تأسیس کشور پاکستان و سپس بنگلادش، جنگ خاورمیانه، حمله شوروی سابق به افغانستان و فروپاشی اتحاد شوروی.

نقش تعیین‌کننده رژیم ایران

اما هیچ کدام از این وقایع به اندازه به حاکمیت رسیدن آخوندهای مرتجع در ایران، تأثیر تعیین‌کننده‌یی در شکل‌گیری این پدیده نداشته است..
به حکومت‌رسیدن خمینی و همدستان او در یک شرایط تاریخی استثنایی، لحظه‌یی است که بنیادگرایی اسلامی به مفهوم اخص خود پا به جهان گذاشت: یعنی یک نیروی مهیب تشنه قدرت، سراپا زن‌ستیز و بناشده بر تبعیض دینی که احکام شرع عقب‌افتاده خود را وسیله برقراری یک استبداد مذهبی کرد و یک الگوی حکومتی برای گروه‌های بنیادگرا به‌وجود آورد.
در حقیقت، دیکتاتوری‌هایی مانند رژیم سابق ایران، ضعیف‌تر و پوسیده‌تر از آن بودند که در مقابل موج آزادی‌خواهی و به خصوص در برابر نیروی زنان و جوانان تاب بیاورند. پس نیروی بنیادگرایی همان وظیفه را برعهده گرفت.

طینت بنیادگرایی

بنیادگرایی اسلامی در جوهر خود، ضدیت با چه چیزی است؟ آیا چنان که برخی می‌گویند صف‌آرایی جهان اسلام در برابر غرب و مشخصاً رویارویی اسلام با مسیحیت و یهودیت است؟
خیر واقعیت‌ها چیز دیگری است. آیا چنان که بنیادگرایان خود وانمود می‌کنند، با مظاهر دوران جدید دشمنی دارند؟

خیر، در غیر این صورت بنیادگرایان این همه از اینترنت، تلفن همراه و مبادلات بانکی استفاده نمی‌کردند و این همه به تکنولوژی اتمی و تسلیحات پیشرفته رو نمی‌آوردند.

واقعیت این است که اصل دعوا، نه میان اسلام و مسیحیت است، نه میان اسلام و غرب و نه بین شیعه و سنی. بلکه دعوا میان آزادی و اسارت است. میان برابری با ظلم و بی‌عدالتی است.

بنیادگرایی اسلامی در اصل مقابله با تمایل گسترده مردم آن منطقه به ویژه زنان و جوانان به آزادی، دمکراسی و برابری است.

در سال ۱۳۴۴، در لحظه تأسیس سازمان مجاهدین خلق ایران، بنیانگذار آن محمد حنیف‌نژاد گفت مرزبندی نه میان با خدا و بی‌خدا بلکه میان سرکوب شدگان و سرکوب‌کنندگان است. مجاهدین از روز اول تأسیس خود، بنیادگرایی اسلامی و فریبکاری مذهبی آن را به چالش کشیدند.

سه سال قبل از آن که خمینی به حاکمیت برسد، مسعود رجوی که هنوز در زندان دیکتاتوری قبلی بود، تأکید کرد که این ارتجاع مذهبی است که جنبش آزادی‌خواهی مردم ایران را تهدید می‌کند. و این تهدیدی بود که به سرعت در برابر تمام جوامع مسلمان خود را بارز کرد.

خصومت با زنان

از همین جا می‌توان دریافت که چرا بنیادگرایی بیش از همه کینه و خشونت خود را متوجه زنان کرده است؟

زیرا موج عظیمی از نوجویی و آزادی‌خواهی و برابری‌طلبی برخاسته که در محور آن رهایی زنان قرار دارد.

در انقلاب ۱۳۵۷ ایران، زنان به صورت نیروی جدیدی به صحنه آمدند. و از نقش چشمگیری برخوردار شدند. به همین دلیل در تحولات پس از انقلاب ایران، نقش زنان به سرعت ارتقا یافت. آنها محور جنبش و نبرد شدند: صف اول ایستادگی در شکنجه‌گاه‌ها، صف مقدم قیام‌های سال ۸۸، و صف اول فرماندهی ارتش آزادی‌بخش ملی ایران.

بنیادگرایی اسلامی نیز، در کانون خود دشمنی با زنان را قرار داده و سرکوب زنان را مجرای عمده سرکوب جامعه کرده است.
چرا آخوندها در آخر قرن بیستم نیازمند احیای قوانین هزاره‌های پیشین شدند؟ چرا تحت نام اسلام به غیرقابل تصورترین جنایت‌ها دست زدند؟ زیرا با تمایل گسترده‌یی مواجه بودند که فقط با شقاوت محض می‌توانستند با آن مقابله کنند.
رژیم ایران پایه‌گذار اغلب جنایت‌ها و پلیدی‌هایی است که بعداً افراد یا گروه‌های بنیادگرا با تقلید از الگوی حکومت آخوندها، بخشی از آن را تکرار کردند. یا حتی به قوانین معدودی از کشورهای اسلامی راه یافت.
مقاومت ایران و زنان پیشتاز به مبارزه با رژیمی برخاستند که نه فقط دشمن مردم ایران که خطر اصلی برای تمام منطقه خاورمیانه بود.
ما این واقعیت را از سه دهه پیش، هشدار می‌دادیم که بنیادگرایی یک تهدید جهانی است. در ۱۵ سال اخیر، این تهدید خود را به‌صورت بلای تروریسم و جنگ در خاورمیانه نشان داد. امروز می‌بینیم که پایتخت‌های اروپایی هم، از جنایت‌های تروریستی آن در امان نیستند. هرجا که بنیادگراها تحت هدایت ملاها پا می‌گذارند، خیلی زود تروریسم و ویرانگری‌شان شروع می‌شود.
آنچه می‌خواهم به‌عنوان نتیجه این بحث رویش تأکید کنم، لزوم مقابله همه جهان با این پدیده شوم است.
ملاهای ایران و بنیادگرایی تحت هدایت آن فقط دشمن مردم ایران نیستند. دشمن مردم خاورمیانه هم هستند. دشمن تمام جهان هم هستند. به‌خصوص تا آن‌جا که به‌زنان مربوط می‌شود بنیادگرایی، دستاوردهای زنان را تهدید می‌کند و مورد حمله قرار می‌دهد.
بنابراین، مقابله با این رژیم، یک هدف مبرم مبارزه زنان در همه جهان است و همبستگی خواهرانه زنان در همه جهان ایجاب می‌کند که مقابله با این رژیم را مورد حمایت قرار بدهند.

رهبری زنان
و نسلی از مردان خواهان رهایی و برابری

در آستانه روز جهانی زن(مارس۲۰۱۷)، جلسه بزرگی تحت عنوان «زنان در رهبری سیاسی» با حضور مریم رجوی در آلبانی برگزار شد.
در این جلسه، شماری از شخصیت‌های برجسته سیاسی و فعالان جنبش برابری از کشورهای مختلف حضور داشتند و در سخنان خود با مقاومت ایران و به طور خاص زنان پیشتاز آن، اعلام همبستگی کردند. از جمله:
لیندا چاوز، مدیر سابق روابط عمومی کاخ سفید و رئیس مرکز فرصت‌های برابر در آمریکا، اینگرید بتانکور، کاندیدای سابق ریاست جمهوری کلمبیا، ایوتا رادیکووا، اولین نخست وزیر زن اسلواکی و وزیر سابق دفاع و کار، نجمه طاطای، وزیر سابق آموزش و پرورش مراکش، سناتور ایولین یونه، عضو مجلس سنای فرانسه، سکای ماسیکانا هالند، سناتور سابق و وزیر آشتی و یکپارچگی ملی از زیمبابوه، جولی گرلینگ نماینده پارلمان اروپا از انگلستان، سناتور استفانیا پتزوپانه، نایب رئیس کمیته مصونیت پارلمانی سنا از ایتالیا،

کونچتا جیالومباردو، معاون فدراسیون حقوقدانان زن، پالرمو – ایتالیا، لورنس فلمن ری‌ال عضو پارلمان سوئیس، اوا دوران راموس، نماینده پیشین پارلمان اسپانیا، مارگاریتا دوران وادل، سناتور پیشین اسپانیا، سویم آربانا، فعال جنبش آزادیخواهی در آلبانی و بنیانگذار انجمن مفید برای زنان آلبانی، دیانا چولی، نویسنده و نماینده پیشین پارلمان آلبانی، دریتا اودولی، رئیس انجمن میانجیگران آلبانی.

حضور بخشی از هزار زن قهرمان مقاومت ایران که ۱۴ سال در اشرف و لیبرتی ایستادگی و مقاومت کردند، در کانون توجهات در مراسم روز جهانی زن امسال بود.

علاوه بر سخنرانی‌ها، این مراسم شامل برنامه‌های هنری و پخش فیلم‌هایی در باره وضعیت زنان ایران و مبارزات ۱۵۰ ساله آنها برای آزادی بود.

متن سخنان مریم رجوی در این گردهمایی را در صفحات پیش رو می‌خوانید:

خوشحالم که امسال مراسم روز جهانی زن، با حضور گروهی از هزار زن پیشتاز اشرفی برگزار می‌شود که در سال‌های گذشته حفاظت از آن‌ها

در برابر حملات رژیم آخوندی، بخشی از کوشش‌ها و مبارزات خواهران ما در سراسر جهان بود.

همبستگی با هزار زن پیشتاز اشرفی در سال‌های اخیر، یکی از درخشان‌ترین و کارآمدترین پروژه‌های زنان و از افتخارآمیزترین جنبش‌های همبستگی در سراسر جهان بود. به همه این خواهران عزیزم در کارزار همبستگی درود می‌فرستم. در همین‌جا از اشرف نشانهایی که در این کارزار بزرگ نقش کلیدی داشتند قدردانی می‌کنم.

از همه آن‌ها انتظار دارم کوشش‌های خود را در حمایت از مبارزه زنان ایران برای برقراری آزادی و برابری در ایران، گسترش دهند.

نقش تعیین‌کننده زن ایرانی

رژیم ایران، در نظر مردم جهان، با صدور تروریسم و جنگ و بنیادگرایی و تلاش برای ساختن تسلیحات هسته‌یی شناخته می‌شود. در نتیجه دو واقعیت مهم، کم‌تر مورد توجه قرار گرفته است:

اول این که این رژیم به موازات صدور تروریسم و بنیادگرایی به کشورهای منطقه، در اشاعه زن‌ستیزی در این کشورها تأثیر جدی داشته است. از این‌رو، مهم‌ترین تهدید علیه دستاوردهای زنان در جهان امروز به شمار می‌آید.

دوم این که زنان مقاوم ایران، نقش تعیین‌کننده‌یی در مقابله با بنیادگرایان حاکم داشته و دارند. این واقعیت که در ایران، بیشترین سرکوب‌ها متوجه

زنان است، کار دفاعی آخوندها در برابر تهدید موجودیت رژیم‌شان است. تحمیل حجاب اجباری و تبعیض‌های فاحش علیه زنان در محیط‌های آموزشی و شغلی، همه برای به‌بند کشیدن زنان است وگرنه آخوندها نمی‌توانند حکومت خود را حفظ کنند. و به دست همین زنان و با همت عموم مردم ایران سرنگون می‌شوند. در نقطه مقابل، زنان نیز نقش اثرگذار و بالنده خود را در مبارزه علیه استبداد مذهبی نشان داده‌اند.
به‌عنوان مثال:

- در صحنه نبرد با پاسداران
- در مقاومت‌های بی‌نظیر در اتاق‌های شکنجه و زندان‌های رژیم
- در صف اول تظاهرات و قیام‌ها
- در سازمان دادن اعتراضهای معلمان و کارگران و سایر اعتراض‌کنندگان
- در سازمان‌دادن و رهبری یک جنبش اجتماعی و سیاسی بین‌المللی علیه فاشیسم دینی حاکم بر ایران
- و هم‌چنین در مسئولیت‌پذیری فعال در جنبش سازمان‌یافته مقاومت ایران.

می‌خواهم این واقعیت را توضیح بدهم که اگرچه برای دهه‌ها، هدف مبارزه زنان و موضوع روز جهانی زن، رفع نابرابری و خشونت علیه زنان بوده است، اما امروز علاوه بر آن، رسالت فراتری بر دوش زنان قرار گرفته که نجات جوامع بشری از بنیادگرایی و تروریسم است.

تجربه مقاومت ایران

در این مورد، اجازه بدهید به تجربه خاص جنبش مقاومت ایران اشاره کنم:

در دهه ۱۳۷۰ که امر رهبری زنان در سطوح مختلف پیشاروی مقاومت ما قرار گرفت و سازمان کار این مقاومت را تغییر داد، زنان این جنبش، قدم در راهی گذاشتند که الگوی از پیش‌آماده‌یی برای آن وجود نداشت.

آن‌ها بر آن شدند که هرچه را که نشانی از نابرابری، از نادیده گرفتن زنان و از موانع مشارکت جمعی دارد، کنار بگذارند و به‌جایش مناسبات نوینی برقرار کنند.
آنها به خود و توانمندیهای خود باور کردند و توانستند غول ناباوری را که مانع بزرگ آن‌ها بود، کنار بزنند، خود را از اسارت تفکر و نگاه کالایی رها کنند، به جای کنش‌پذیری و مسئولیت‌گریزی، مسئولیت‌پذیر شدند، ترس از شکست، و ضعف نشان‌دادن در مقابل هجوم سختیها را از خود دور کردند و در روابط میان خود صمیمیت و خواهری برقرار کردند.
در دهه ۱۳۸۰، براثر اشغال عراق توسط آمریکا و سپس توسط رژیم ایران، اوضاع دشواری به‌وجود آمد. به‌دنبال آن، رژیم ایران به‌کمک دولت دست‌نشانده خود در عراق، اشرف را محاصره کرد و به‌جنگ بی‌رحمانه‌یی برای انهدام مجاهدین رو آورد. همزمان، استبداد مذهبی با بهره‌گیری از سیاست مماشات دولتهای غربی، با هجوم همه‌جانبه به این مقاومت قصد نابودی آن را داشت.
در این اوضاع طاقت‌فرسا، رهبری زنان مجددا به‌آزمایش کشیده شد. سوال اصلی این است که آن‌ها چگونه توانستند این خرق عادت و این تغییر فرهنگ هزاران ساله را به‌نحوی انجام دهند که تداوم پیدا کند؟
واقعیت این است که از ابتدای این تحول، رهبری زنان در جنبش ما، جابه‌جایی مدیریت مردان با مدیریت زنان نبود.
حضور زنان در سطوح مختلف رهبری و مدیریت، البته گامی است

به‌پیش. اما اگر با دگرگونی اساسی در فرهنگ و در مناسبات زن و مرد همراه نباشد و مادامی که برابری و همبستگی را برقرار نکند، این دستاورد بازگشت‌پذیر است.

پیام تازه

پیام تازه مقاومت ما، درست در همین نقطه است:

این که رهبری زنان وقتی به‌صورت یک نهاد پایدار به‌بار می‌نشیند که ضرورتاً با مسئولیت‌پذیری مردان مؤمن و معتقد به آرمان برابری همراه باشد. بدون وجود مردانی که آرمان برابری را پیشاروی خود قرار داده و برای برقراری آن قیام کرده باشند، رهبری زنان صورت واقعی به‌خود نخواهد گرفت. تجربه رهبری زنان در جنبش ما، با نقش‌آفرینی صفی از این مردان، از این پیشگامان دنیای تازه، امکان‌پذیر شد.

بنابراین خطاب به شما برادران عزیزم می‌گویم:

راهی که شما در این سه دهه پیمودید، مایه سربلندی است؛ نه فقط برای من و برای ما که برای مردم ما و برای جهان بشری که تشنه برابری و آزادی است.

بله، این مردان رها روابط جمعی نویی شکل دادند، با شور و اشتیاق، همه جا به‌دفاع از آرمان برابری برخاستند و اثبات‌گر امر رهبری زنان شدند. آنها ارزش‌های تازه‌یی بر پایه صدق ورزیدن و از خود گذشتن و دیگران را بر خود اولویت دادن، خلق کردند. آنها بر نگرش کالایی نسبت به زنان خط بطلان کشیدند و در پرتو همین مناسبات، در صفوف خود، برادری را به‌مراتب بیش از گذشته برقرار کردند.

مشارکت برابر زنان و رهایی مردان

پس، مشارکت برابر زنان در رهبری، فراگردی نیست که بدون رهایی

مردان متصور باشد. چگونه متصور است که نیمی از جامعه، قید و بندهای اجبار و بهره‌کشی را در هم بشکنند؛ در حالی نیمه دیگر هنوز در اسارت همان تاریکی‌هاست.

تجربه جنبش ما اثبات کرد که رهبری زنان، از یک سو آنها را در مدار انسان‌های مسئول و برابر قرار می‌دهد، از سوی دیگر وقتی مردان رهبری زنان را می‌پذیرند، یک سازوکار رهایی‌بخش را ممکن می‌کنند. برآیند این برابری، تعالی روابط و مناسبات است. یعنی بر اثر آن، روابط برادرانه و هم‌چنین همبستگی و روابط خواهرانه متحول و نو می‌شود.

یعنی مناسبات درهر دو سو از قیاس، رقابت منفی و تنگ‌نظری آزاد می‌شود. در این صورت، هر کس پیشروی دیگری را نه مانع خود، که امکان تازه‌یی برای پیشروی خویش می‌بینند. آری، در جهان رهایی و آزادی، پیشروی زن و مرد، نه در تقابل با هم، که لازمه هم‌اند و یک‌دیگر را تکمیل می‌کنند.

در حقیقت مردان این جنبش، پیام رهایی‌بخشی برای جامعه ایران دارند. این پیام، فراخوانی است به همه پسران و برادران و پدران ما در جامعه ایران که برای رهایی مردم ایران، به‌دفاع از آزادی و برابری برخیزند. پیام رهایی‌بخش آن‌ها، همان گمشده جهان امروز یعنی برادری است. پس رهبری زنان در جنبش مقاومت، نام و نماد یک دگرگونی است که روابطی بر اساس برابری حقیقی بنا کرده است.

تأکید می‌کنم که این برابری چیزی نیست که در تساوی حقوقی و سیاسی و فرصت‌های مساوی متوقف شده باشد، بلکه ضرورتاً ارتقای همبستگی انسانی را می‌طلبد. یعنی زنانی که سرنوشت خود را به‌دست گرفته‌اند و هم‌چنین مردانی که با ایمان به‌برابری، شخصیت بارآور، خلاق و فعال را در خود پرورش داده‌اند. این مناسبات تازه که از بسیاری قید و بندها رها شده، در درون یک جنبش محاصره شده، مولد نیروی عظیمی شد که با آن توانست به‌یک پایداری پرشکوه دست بزند. به‌نحوی که مجاهدین

توانستند در مقابل ۹ حمله و قتل‌عام و دو بار گروگان‌گیری، در مقابل ۶۷۷ روز شکنجه صوتی و در مقابل هشت سال محاصره ضدانسانی، پایگاه آزادی و برابری را برای سال‌های طولانی برپا نگاه‌دارند.
در صحنه بین‌المللی نیز توانستند لیست‌گذاری مجاهدین در اروپا و آمریکا را که به‌درخواست آخوندها صورت گرفته بود، یکی پس از دیگری باطل کنند و در بیش از ۲۰دادگاه حقانیت این مقاومت را به اثبات برسانند.
نتیجه‌گیری مهم درباره تحولات این سال‌ها این است که استقامت اشرف و لیبرتی به‌عنوان پایگاه آزادی و پیشروی این مقاومت، در پهنه‌های سیاسی، حقوقی و بین‌المللی با چنین زنان و مردانی ممکن شد. این تجربه درخشانی است از توانایی شگرف رهبری زنان و یک مناسبات برابر.
این پدیده نو، هزار زن پیشتاز است و نسلی از مردان خواهان رهایی و برابری. به‌همین مناسبت، در این‌جا می‌خواهم به مسعود به خاطر تربیت چنین زنان و مردانی تبریک بگویم که این تحول بزرگ را در تاریخ جنبش ایران و جنبش خلقهای منطقه محقق کرده است.
پس، کسانی که می‌گویند قرن ۲۱ قرن زنان است، درست می‌گویند. اما باید مفهوم آن را خاطر نشان کرد که رهبری زنان به‌معنی هدایت روابط انسانی به‌سوی برابری حقیقی زن و مرد و به‌میدان آمدن صفی طولانی از مردان معتقد به آرمان برابری است.
آن مناسباتی که بر نابرابری زن و مرد متکی است، نظامی که زنان را به‌حاشیه می‌راند و نظامی که امکان مشارکت بخش اعظم مردم در امور کشورشان را از بین می‌برد، نتیجه‌اش قدرت‌طلبی بی‌انتها، استبداد و انحصارطلبی، تصمیم‌گیری‌های پنهانی، اتلاف منابع کشور و فساد و سرکوب است. راه‌حل این بحران که در جهان کنونی فراگیر شده، رهبری زنان است. تاکید می‌کنم هرجا که دمکراسی نیست، بدون مشارکت برابر زنان در رهبری، نمی‌توان به‌آن رسید.

جسورانه دل به‌دریا زدن

در سال ۱۳۹۰ خانم دانیل میتران فقید در پیامی به زنان و مردان اشرفی گفت: «دوستان عزیز و نازنین اشرفی من، تدارک آینده، به بهای فداکاری شما به دست می‌آید، اما تنها این نیست: همه باید الگویی را که شما برای تمام ستمدیدگان ترسیم می‌کنید و پیام امیدی که با خونتان خطاب به بشریت می‌نویسید را همواره مد نظر داشته باشند».[1]

خانم فرانسواز هریتیه مردم شناس معروف فرانسوی نیز سال گذشته، با اشاره به‌تجربه زنان در اشرف و لیبرتی گفت: این تجربه «اگر پاسخ بگیرد الگویی برای کل بشریت خواهد شد. این به‌مثابه پیامی است به زنان که به این واکنش غیر طبیعی که از کودکی به آنها تحمیل شده که بگویند من هیچ‌وقت نخواهم توانست و این در حیطه مردان است، تن ندهند. و باید قبول کنند که جسورانه دل به دریا بزنند».[2]

بله، تمام مسأله این است: جسورانه دل به‌دریا زدن. و این کاری است که اشرفی‌ها کردند.

سلام بر زنان سرفراز اشرفی که جان خود را در این پایداری فدا کردند از صبا و آسیه و نسترن و مهدیه تا زهره و گیتی و تا آخرین آنها کلثوم و پوران و نیره. آن‌ها پرچمی را در اهتزاز نگاه داشتند که پیش از این، توسط صفی طولانی از زنان قهرمان دیگر حمل شده است. زنان پیشتاز از اشرف شهیدان، فاطمه امینی، مرضیه اسکویی و اعظم روحی آهنگران تا نصرت رمضانی، آزاده طبیب، طاهره طلوع، مهین رضایی، نسرین پارسیان، بتول رجایی، فریده ونایی و صفی از زنانی که در مسیر آزادی و رهایی مردم ایران به خاک و خون غلتیدند.

---

۱ متن کامل پیام در پیوست‌ها

۲ متن کامل پیام در پیوست‌ها

تغییر با پیشتازی زنان

برای ایران آزاد فردا، ما بر امر برابری زنان با مردان تأکید داریم و آن را لازمه سرنگونی استبداد مذهبی و تضمین دمکراسی در ایران فردا می‌دانیم. برابری در عرصه حقوقی و قضایی، برابری در خانواده، برابری در فرصت‌های اقتصادی و مشارکت فعال و برابر در رهبری سیاسی. ما برای آزادی و حق انتخاب آزادانه زنان به‌پا خاسته‌ایم. از جمله حق انتخاب شغل، حق طلاق و حق انتخاب پوشش.

رژیم حاکم بر ایران، عامل عقب‌نگهداشتن و به انحطاط کشاندن جامعه ایران و تمام منطقه است. این رژیم، عامل دین اجباری، منشأ تفرقه‌افکنی حول مسأله شیعه و سنی و مسبب رواج سنگسار و قوانین ضدبشری به‌بهانه اجرای قوانین اسلام است.

از ملت‌های خاورمیانه بپرسید دشمن اصلی حیات و موجودیت‌تان کیست؟ از مردم سوریه بپرسید چه رژیمی در کشتار نیم میلیون هموطنان بی‌پناه‌تان مددکار اصلی بشار اسد است؟ از زنان سوری بپرسید چه نیروی شریری است که میلیون میلیون زن سوری را بی‌خانمان و بی‌پناه و آواره کرد؟ چه رژیمی بود که با پاسداران و شبه‌نظامیان خارجی‌اش، حلب را به‌خاک و خون کشید و آن‌همه کودک معصوم را پرپر کرد؟ و امروز می‌بینیم که عوامل و فرستادگان آخوندها حتی درکشورهای بالکان نیز در حال ترویج افکار بنیادگرایانه و زمینه‌سازی تروریسم‌اند.

همه این فاجعه‌ها و مصیبت‌ها از استبداد مذهبی حاکم بر ایران جاری شده و می‌شود. از زنان ایران که امروز میلیون میلیون، در آتش اختناق و انواع اجبارات خردکننده و فقر و محرومیت می‌سوزند، تا زنان آواره سوریه و عراق، همه با دشمن واحدی مواجهند. در نتیجه مبارزه مشترک و هدف مشترکی دارند که به‌زیر کشیدن همین رژیم است.

آری، تغییر در ایران ـ و امروز من می‌گویم در تمام جهان ـ با پیشتازی

زنان محقق می‌شود.

و سرانجام خطابم به شما زنان و مردان آزاده ایران است: آزادی با فداکاری و قیمت دادن به‌دست می‌آید؛ با جرات و جسارت بر سرکوب و تحقیر شوریدن. با شجاعت و امید مقاومت کردن و با مبارزه بی‌امان، هزار اشرف و هزار کانون شورش و نبرد را برپا کردن. آری، می‌توان و باید رژیم ولایت فقیه را سرنگون کرد و می‌توان و باید آزادی ایران زمین را به‌دست آورد و یک‌جمهوری آزاد و برابر برپا کرد. این آزمایش و مسئولیت تک‌تک ماست. پس برای آن و برای درانداختن طرحی نو بپاخیزیم!

رژیم ولایت فقیه، دشمن زنان

روز شنبه ۸ اسفند ۱۳۹۴(۲۷فوریه ۲۰۱۶) در آستانه روز جهانی زن، جلسه بزرگی با عنوان «تعهد برای برابری، زنان متحد علیه بنیادگرایی» با حضور مریم رجوی و شماری از شخصیت‌های سیاسی، روشنفکران، شخصیت‌های برجسته و فعالان جنبش برابری از ۲۶ کشور جهان در پاریس برگزار شد.

خانمها لیندا چاوز؛ مدیر روابط عمومی کاخ سفید و کارشناس آمریکا در زیرکمیته حقوق بشر ملل متحد، راما یاد؛ وزیر سابق حقوق بشر فرانسه، اینگرید بتانکورد؛ کاندیدای سابق ریاست جمهوری در کلمبیا، ریتا زوسموت؛ رئیس سابق مجلس آلمان، رانجا کوماری؛ رئیس مرکز تحقیقات اجتماعی از هند، نغم غادری؛ نایب رئیس ائتلاف ملی سوریه، رشیدا مانجو؛ گزارشگر سابق ملل متحد در امر خشونت علیه زنان، یاکین

آرتوک؛ گزارشگر سابق ملل متحد در امر خشونت علیه زنان، کریستین اوکران؛ روزنامه نگار فرانسوی و مجری مشهور تلویزیون، بئاتریس بسرا؛ عضو پارلمان اروپا از اسپانیا، استفانیا پتزوپانه؛ سناتور ایتالیایی، گری دوران نماینده سابق از اسپانیا، فتحیه بقالی؛ به نمایندگی از هیات زنان قانونگزار از مراکش، نجیمه طای طای؛ وزیر سابق آموزش و جوانان از مراکش، انیسه بومدین؛ بانوی اول الجزایر، حقوقدان و اسلام شناس، عزه هیکل، نویسنده مصری و استاد دانشگاه اکادمی عربی، ماجده النویشی؛ نایب رئیس ائتلاف نمایندگان زن عرب از مصر، دریتا اودیلی؛ معاون وزیر سابق و رئیس اتاق ملی میانجیگری (آلبانی)، دیانا کولی؛ نویسنده، خبرنگار و سیاستمدار از آلبانی، سویم آربانا؛ بنیانگذار سازمان مفید برای زنان آلبانی، هیات حقوقدانان شامل فاطوماتا دیارا (مالی)، کریستی بریملو؛ رئیس کمیته حقوق بشر کانون وکلای انگلستان و ولز، سارا چندلر از انگلستان؛ رئیس کمیسیون حقوق بشر فدراسیون انجمن وکلای اروپا، ماریا کاندیدا المیدا؛ معاون دادستان کل در دیوان عالی پرتغال، زینت میرهاشمی؛ از اعضای شورای ملی مقاومت ایران و سردبیر نشریه نبرد خلق، در میان سخنرانان بودند.

متن سخنان مریم رجوی در این جلسه را در صفحات پیش‌رو می‌خوانید:

هشت مارس، روز تقدیر از زنانی است که برای آزادی و برابری در نبردند، زنانی که برای فردایی پرشکوه وجهانی بهتر به‌پا خاسته‌اند و تسلیم و یأس و ناتوانی در فرهنگشان معنایی ندارد.
در این لحظه، زنان شجاع در زندان‌های سیاسی ایران و مادران دلیری که در این مدت بارها در برابر بازجویان و جلادان شکنجه‌گاه اوین قیام کردند، با ما همراه هستند.
هم چنین درود می‌فرستیم به زنان پیشتاز ایران در نبرد با دو دیکتاتوری، درود بر زنان مظلوم سوریه که به‌رغم همه داغ‌ها و دردها، زیر بمباران یا در هجوم جنایات داعش و یا در آوارگی و پناهندگی هم چنان ایستاده‌اند. راستی چرا باید رنج و اندوه آن‌ها ادامه پیدا کند؟ و چرا در برابر جنایات رژیم ملاها در سوریه، جهان ساکت است؟
امروز برای مدافعان آرمان برابری، چه وظیفه‌یی مبرم‌تر از همبستگی با میلیون‌ها زنی‌ست که زندگی‌شان در سوریه در آتش می‌سوزد؟ برای خواهران ما در تمام جهان چه مبارزه‌یی مهم‌تر از ایستادگی در برابر سرچشمه جنگ و خونریزی در خاورمیانه یعنی ولایت فقیه حاکم بر ایران است؟
از این رو همه شما و فعالان جنبش برابری در سراسر جهان را به‌یاری زنان رنج‌دیده سوریه، عراق و یمن فرا می‌خوانم.

زن ستیزی در شریعت آخوندها

بنیادگرایی سرطان رو به گسترشی است که همه را تهدید می‌کند. به‌طوری که همه‌جا، افراطی‌گری تحت نام اسلام ازجمله گروه داعش سربلند کرده که قربانیان اصلی آن زنان هستند. بنابراین ضروری است که نقطه کانونی این بلای عظیم را بشناسیم و به راه ریشه‌کنی آن و نقش زنان در این مبارزه بپردازیم.
به همین دلیل من می‌خواهم امروز به موضوعی که مردم جهان کم‌تر

از آن خبر دارند، بپردازم و آن ستم و سرکوب این رژیم نسبت به زنان و ایستادگی زنان ایران در برابر این رژیم است.

در ایران، بیش از سه دهه است که یک حکومت بنیادگرا حاکم است رژیمی که ویژگی مهمش، دشمنی با زنان است. به‌طوری که در سه - چهار دهه اخیر، در هیچ کجا به اندازه ایران، زنان اعدام و شکنجه نشده‌اند و در این ابعاد در زندان‌ها مورد تعدی قرار نگرفته‌اند.

اجازه بدهید این وضعیت را قبل از هرچیز در قوانین رژیم و مبانی شریعت ارتجاعی آن بررسی کنیم:

قانون اساسی آخوندها، در اصل ۱۶۷، تصریح می‌کند: «قاضی موظف است حکم هر دعوا را در قوانین مدونه بیابد و اگر نیابد با استناد به منابع معتبر اسلامی یا فتاوی معتبر حکم قضیه را صادر نماید». این اصل، به قضات آزادی‌عمل داده که برای صدور حکم، به فتواهای مذهبی استناد کنند. اما این فتواها برای رژیم، چیزی جز کتاب فتواهای خمینی به نام تحریرالوسیله نیست. بخش قابل توجهی از این کتاب، توضیح راه و رسم مردسالاری، تحمیل نابرابری به زنان، آیین چند همسری و حتی مشروعیت‌دادن به رفتار ضدبشری نسبت به زنان و دختربچه‌هاست.

در این کتاب، خمینی در احکام متعددی کنیزگرفتن و کنیزداری را در شرع آخوندی توجیه کرده، یعنی از مناسبات برده‌داری، آن‌هم در قرن بیستم، دفاع کرده است. هم‌چنین در ده‌ها حکم به مردان اجازه داده که شمار نامحدودی همسران موقت داشته باشند. باز هم در قرن بیستم به پیروان آخوندها اجازه داده که در جنگ‌ها زنان را به صورت غنائم جنگی تحت مالکیت خود درآورند.

خمینی در کتاب خود تأکید می‌کند که «بعضی از حقوق‌الناس حقی است که جز با شهادت مرد ثابت نمی‌شود، و چنان نیست که شهادت دو نفر زن کار شهادت یک مرد را بکند». در مورد برخی مسائل، او می‌نویسد: «شهادت زنان به تنهایی و حتی شهادت یک مرد و شش نفر

زن پذیرفته نیست». و «حتی شهادت هشت زن هم پذیرفته نیست».
در همین کتاب، خمینی سوءاستفاده جنسی از دختربچه های کم‌تر از ۹ساله و حتی اطفال را مباح می‌کند.
هم‌چنین احکام متعددی درباره به‌ازدواج درآوردن دختربچه‌های صغیر نوشته است و در احکام متعددی ازدواج زنان را در حد یک معامله اقتصادی تنزل داده و به حیثیت و شأن زنان اهانت کرده است.
رواج خشونت و تجاوز علیه زنان که خانم یاکین ارتوک در گزارش سال ۲۰۰۵ خود درباره ایران، تصویر روشنی از آن ارائه کرد، از محصولات همین شریعت ارتجاعی است. کما این که رواج گسترده اعتیاد و تیره‌روزی زنان از نتایج همین شرعیات پرفساد است. به‌همین دلیل است که می‌گوییم ولایت فقیه دشمن زنان است.
خمینی و آخوندهای او، در سه دهه گذشته، این ایدئولوژی را در ذهن گروه‌های بنیادگرا در سایر کشورها، بارور کرده و بسیاری از آن‌ها را نیز با دادن کمک‌های مادی متشکل کرده‌اند.
این پدیده، در این‌سال‌ها، و به‌خصوص در دوسال اخیر، در سراسر خاورمیانه و آفریقا در حال گسترش و تعرض است و خود را به‌اشکال مختلف بارز می‌کند: از داعش و طالبان و بوکوحرام تا باندهای شبه‌نظامی رژیم ایران در عراق و یمن و لبنان.
به رفتاری که امروز گروه داعش تحت‌عنوان اجرای احکام اسلام با زنان دارد، نگاه کنید؛ به‌خصوص نگاه کنید که چگونه زنان و دختران ایزدی عراق را به بردگی گرفته‌اند. این‌ها عینا همان احکامی است که نمونه‌هایی از آن را از کتاب خمینی نقل کردم. اما همهٔ این گروه‌ها چه شیعه باشند، چه سنی در اعتقاد به چند عنصر اساسی مشترکند:
در تحمیل دین اجباری، اجرای احکام شریعت آخوندها، نفی مرزها و کشتار و ترور، دشمنی با غرب، تکفیر برای حذف مخالفان، زن‌ستیزی و تشکیل یک حکومت استبدادی تحت نام خلافت یا دولت اسلامی یا

ولایت فقیه.
خمینی در کتاب حکومت اسلامی خود، رسما نظام مورد نظرش را به عنوان خلافت تعریف کرده است. اما در حقیقت این یک بیدادگری مطلقه، سفاک و زن‌ستیز است که از آخوندهای حاکم بر ایران تا گروه داعش، آن را به‌نام اسلام جا زده‌اند.
و تأکید می‌کنیم که هرچه بر اساس اجبار و تحمیل باشد و هرچه رأی و انتخاب آزادانه مردم را انکار کند، نه اسلام که ضداسلام است. و هرچه حقوق برابر زنان را نفی کند در اسلام جایی ندارد.
ما انکار حقوق زنان را چه درلباس مذهب، چه در هر لباس دیگری تحمل نمی‌کنیم. در برابر افراطی‌گری و ارتجاع و دین‌فروشی، ما از اسلام دمکراتیک دفاع می‌کنیم. ما برآنیم که با کلمه رهایی‌بخش برابری و به‌ویژه با مشارکت فعال و برابر زنان در رهبری سیاسی، این قرن را به‌نام زنان، به عصر رهایی زنان و عصر رهایی جهان بشری تبدیل کنیم.

حاکمیت خشونت و سرکوب مداوم علیه زنان

ولایت فقیه دشمن زنان است. زیرا حاکمیت آن خشونت و سرکوب مداوم علیه زنان است. در زندان‌های سیاسی این رژیم علاوه بر هفتاد و چند نوع شکنجه، مطابق یک فتوای ننگین، شمار زیادی از دختران زندانی قبل از اعدام مورد تجاوز قرار گرفتند. تجاوز به زندانیان جوان زن و مرد در خلال قیام‌های سال ۱۳۸۸ نیز ابعاد گسترده‌یی به‌خود گرفت. به‌علاوه این رژیم تاکنون هزاران زن را به خاطر فعالیت‌های مبارزاتی و سیاسی اعدام کرده است.
من در این لحظه به فاطمه مصباح فکر می‌کنم او هنگام اعدام فقط ۱۳سال داشت مژگان جمشیدی هنگام اعدام ۱۴ ساله بود و نوشین امامی شانزده سال داشت. در این لحظه، به‌یاد زنانی هستم که زیر شکنجه به‌شهادت رسیدند یا زنانی که هنگام تیرباران باردار بودند.

بله، نه ده، نه صد، نه هزار، بلکه هزاران زن تیرباران شدند، بالای دار رفتند و زیر شکنجه جان باختند. هزاران قلب بی‌تاب آزادی و برابری و هزاران اراده رزمنده که هریک جهانی از نیکی و دانایی بودند.

در سالهای اخیر، شمار زیادی از زنان به‌اتهام جرم‌های معمولی و بعضا به‌خاطر اتهام‌های اثبات نشده اعدام شده‌اند. در زمان آخوند روحانی دست‌کم ۶۴ زن در ایران حلق‌آویز شده‌اند.[1] ریحانه جباری، آن دختر دلیر که به جرم دفاع از خودش اعدام شد[2] و چه بسیار ریحانه‌ها که کسی نامشان را هم نشنیده است.

اما این صداهای شنیده نشده را دست‌کم نگیرید. این اشک‌های دیده‌نشده و این ناله‌های بریده‌شده را دست‌کم نگیرید. از همین‌هاست که توفانی برمی‌خیزد و دودمان زن‌ستیزان را برباد خواهد داد.

---

۱ ـ مطابق بیلان تهیه شده توسط کمیسیون زنان شورای ملی مقاومت از ۹ سپتامبر ۲۰۱۳ تا آخر دسامبر ۲۰۱۵ تعداد زنانی که در ایران اعدام شده‌اند، ۶۴ نفر بوده است. این نهاد احتمال می‌دهد شمار اعدام زنان از این هم بیشتر باشد. زیرا « بیشتر اعدامها در ایران در خفا و دور از چشم مردم به جز کسانی که آن را اجرا می‌کنند صورت می‌گیرد».

http://www.women.ncr-iran.org/index.php/documents/2158-63-women-executed-in-iran-under-rouhani

۲- ریحانه جباری(متولد۱۵ آبان ۱۳۶۶ ـ اعدام شده در ۳ آبان ۱۳۹۳)، دختر جوانی بود که در سن ۱۹ سالگی مورد تعرض یک مأمور وزارت اطلاعات بدنام رژیم ایران به‌نام «مرتضی عبدالعلی سربندی» قرار گرفت. او در دفاع از خود در برابر تجاوز جنسی مأمور مهاجم را مجروح کرد که به‌قتل او منجر شد. ریحانه به‌مدت ۷ سال در زندان بود و سرانجام رژیم ایران او را به‌دار آویخت. این اعدام که یک حکم به‌شدت ناعادلانه بود و منشأیی جز ایجاد مصونیت برای مأموران وزارت اطلاعات نداشت، با بیزاری گسترده عمومی روبه‌رو شد.

حجاب اجباری

عرصه فراگیر دیگر در اعمال خشونت و اجبار در ایران، حجاب اجباری است. زنان ایران از نخستین هفته‌های حاکمیت خمینی به حجاب اجباری اعتراض کردند. در همان روزها زنان مجاهد نیز فعالانه در تظاهرات علیه حجاب اجباری شرکت داشتند.

آخوند روحانی در کتاب خاطرات خود اعتراف کرده که خودش، به‌عنوان نماینده خمینی در اداره سیاسی-ایدئولوژیک ارتش، مبتکر تحمیل حجاب اجباری در ادارات ارتش بوده و شخصا در تمام این ادارات حاضر شده و حجاب را اجباری کرده است.[1] هم‌چنین سلسله‌یی از قوانین وضع‌شده که آزادی فردی و اجتماعی را از زن ایرانی سلب می‌کند. چند نهاد ویژه سرکوب تأسیس کرده‌اند که کارشان مقابله با بدحجابی است.

مطابق گزارش‌های رسمی، مأموران تنها در عرض یک سال با سه میلیون و ۶۰۰ هزار به اصطلاح «بدحجاب» در خیابان‌ها برخورد کرده و ۱۸هزار نفر را به دادگاه کشانده‌اند.[2] در واقع، آن‌ها، ایران را به زندان بزرگ زنان تبدیل کرده‌اند.

دو سال پیش عوامل رژیم، به صورت شماری از زنان در اصفهان اسید پاشیدند و هنوز که هنوز است دخترانی مثل سهیلا و ندا و سارا از آن جراحت می‌سوزند و زجر می‌کشند. درد آن‌ها در حقیقت نمود دردها و مصائب زن ایرانی است. به‌همین دلیل ما باز هم می‌گوییم: زن ایرانی باید آزاد باشد! باید خودش انتخاب کند که چه عقیده‌یی داشته باشد، چه بپوشد، و چگونه زندگی کند. و تکرار می‌کنیم که نه به حجاب اجباری،

۱- مشروح سخنان حسن روحانی در بخش پیوست‌ها آمده است.

۲- احمدی مقدم فرمانده وقت نیروی انتظامی: «گشت ارشاد به سراغ آدم‌های بی‌فرهنگ می‌رود»...وی از برخورد پلیس با سه میلیون و ۶۰۰ هزار «بدحجاب» خبر داد. (رادیو فردا ۳۰مرداد ۱۳۹۴)

http://www.radiofarda.com/content/f2-iran-police-arrested-people-beach-summer-program-hijab/26542941.htm

نه به دین اجباری و نه به حکومت اجباری.[1]

محدود کردن مشارکت زنان در زندگی اجتماعی

امروز همراه با نابرابری و ستم و سرکوب، ، فقر و فلاکت شدیدی زندگی اکثریت مردم ایران، به‌خصوص زنان را درهم می‌کوبد. در تهران، مادران فقیر، بچه‌های خود را قبل از تولد به بهایی معادل ۲۵ یورو می‌فروشند[2] و باز هم در تهران شمار زنان کارتن خواب به ۵ هزار نفر رسیده است.[3] اما فراتر از این فقر همه‌گیر، یک سیاست ارتجاعی، مشارکت و دخالت زنان

۱- درباره دیدگاه مریم رجوی نسبت به‌حجاب زنان، یک نویسنده فرانسوی پس از دیداری با او مقاله کوتاهی نوشته که در بخش پیوست‌ها می‌خوانید.

۲- سیاوش شهریور، مدیر کل امور اجتماعی و فرهنگی استانداری تهران: «برخی از خانم‌های معتاد متجاهر یا کارگر جنسی که تعداد آنها کم است، باردار می‌شوند. آنها گاهی اقدام به فروش نوزادان خود می‌کنند، باید بپذیریم بخشی از نوزاد فروشی به شکل سازمان‌یافته انجام می‌شود... گزارشات نشان می‌دهند خانم‌های کارتن خواب و زنان روسپی به هنگام زایمان در برخی از بیمارستان‌های جنوب و مرکز شهر مراجعه و پس از به دنیا آمدن نوزاد با دریافت ۱۰۰ تا ۲۰۰ هزار تومان بچه خود را می‌فروشند». (خبرگزاری مهر، ۱۸ بهمن۱۳۹۴)

۳- فاطمه دانشور، رئیس کمیته اجتماعی شورای شهر تهران: «بروز پدیده زنان کارتن خواب رشد سریع‌تری دارد؛ به‌طوری که از جمعیت ۲۰ هزار نفری کارتن‌خوابها در شهر تهران ۵ هزار نفر زن هستند.(رسانه‌های دولتی، ۸خرداد ۱۳۹۴)

در زندگی اجتماعی را محدود و محدودتر می‌کند:
۸۷ درصد از جمعیت غیرفعال کشور را زنان تشکیل می‌دهند،[۱]
زنان فارغ‌التحصیل بیکار به بیش از چهار میلیون نفر رسیده‌اند،[۲] و در یک دهه اخیر، سالانه بیش از صدهزار زن از بازار کار ایران کنار گذاشته شده‌اند.[۳]

مشارکت اقتصادی زنان به ۱۳ درصد هم نمی‌رسد[۴] و مشارکت سیاسی زنان در این رژیم یک امر بی‌معنی است؛ در مجلس نمایشی طی ۹ دوره در ۳۶ سال گذشته روی هم فقط ۵۰ زن عضویت داشته‌اند[۵] که نسبت آن در دوره کنونی فقط سه درصد است. برقراری این ممنوعیت‌ها، سیاسی‌ترین تصمیم و تلاش رژیم ولایت فقیه در مقابله با امر مشارکت و مداخله زنان است.

۱- وحیده نگین مشاور وزیر تعاون، کار و رفاه اجتماعی: چیزی حدود ۴۰میلیون نفر از جمعیت ۱۰سال به بالای کشور، غیرفعال اقتصادی هستند. ۸۷درصد از این جمعیت غیرفعال اقتصادی را زنان تشکیل می‌دهند که بخش قابل توجهی از آنها یعنی ۶۴درصدشان زنان خانه‌دار هستند»، خبرگزاری مهر، ۸اردیبهشت۹۴

۲ـ ۵۱،۰۲ درصد فارغ‌التحصیلان دانشگاهی ایران «غیرفعال» بوده، نرخ بیکاری فارغ‌التحصیلان زن در کشور ۶۵.۵ درصد است از مجموع ۵ میلیون و ۳۰۵ هزار زن فارغ‌التحصیل دانشگاهی، تنها یک میلیون و ۲۸۲ هزار نفر شاغل و ۵۴۶ هزار نفر در جستجوی شغل هستند، خبرگزاری مهر، ۱۵دی ۱۳۹۴

۳ ـ خبرگزاری ایسنا، ۹ تیر ۱۳۹۴:«نرخ بیکاری زنان در سال ۹۲، ۳۲،۶ درصد بود اما این آمار یک سال پس از آن و در سال ۹۳ حدود ۱۱ درصد افزایش یافته و به ۴۳،۴ درصد رسیده است.... : نگاهی به وضعیت اشتغال زنان در ۱۰ سال گذشته سالانه حدود ۱۰۰ هزار زن از بازارکار اخراج شدند».

۴ ـ شهیندخت مولاوردی، معاون رئیس جمهور رژیم: «نرخ مشارکت اقتصادی زنان تنها۱۲ ،۶درصد است و درآمد اقتصادی آنها نیز به حدی پایین است که باید برای آن برنامه‌ریزی‌های جدی صورت گیرد».(خبرگزاری ایسنا ۱۷ اردیبهشت ۹۴)

۵ـ «تعداد کل نمایندگان زن از دوره اول تا نهم مجلس ۷۸ نفر بوده است. طی ۹دوره مجلس تنها ۵۰زن توانسته‌اند به پارلمان راه پیدا کنند؛ چراکه ۲۸نماینده از ۷۸نماینده زن، به صورت تکراری در مجلس حضور داشته‌اند» (باشگاه خبرنگاران ۱۹اردیبهشت۹۴)

بنابراین خطاب به دختران و خواهرانم در سراسر ایران می‌گویم:
شما شایستهٔ آن هستید که سرنوشت خود را در یک ایران بدون ولایت فقیه به‌دست بگیرید.
شما و خواهران پیشتاز شما در لیبرتی می‌توانید و باید دیکتاتوری ولایت فقیه و بنیادگرایی و گروههای برآمده از آن با هر نام و نشان را از منطقه، جارو کنید و آزادی را به ایران، صلح را به منطقه و امینت را به جهان بازگردانید.

مشارکت برابر زنان در رهبری سیاسی، مبنای عمل مقاومت

برای ایران پس از سرنگونی ولایت فقیه، برنامه ما برقراری یک دمکراسی بر اساس آزادی، برابری و جدایی دین از دولت و لغو حکم اعدام است. ما برآنیم که زنان باید در همهٔ زمینه‌ها حقوق برابر داشته باشند. از جمله برابری در آزادیها و حقوق اساسی برابری در مقابل قانون، برابری اقتصادی، برابری در خانواده و آزادی انتخاب پوشش و مشارکت فعال و برابر در رهبری سیاسی.
زنان در مقاومت ایران برای آن مبارزه می‌کنند که مردم ایران، به‌ویژه زنان، آزاد باشند و حق مداخله در سرنوشت خود را به‌دست آورند. اما ولایت فقیه که یک انحصارطلبی جنون‌آساست، با تمام قوا رو در روی این حق ایستاده است.
در نقطه مقابل، ما بر حداکثر دخالت زنان یعنی مشارکت برابر آن‌ها در رهبری سیاسی تأکید داریم. اما این خواست، فقط شعار و برنامه‌یی برای آینده ایران نیست، بلکه مبنای عمل این مقاومت است. مقاومتی که طی ۵۰سال نبرد با دو دیکتاتوری، و با برخورداری از راهبری با یک اندیشه عمیقاً ضدبهره‌کشانه و توحیدی، راه پیشروی جنبش برابری را باز کرده است.
به‌طور خاص در سه دهه گذشته، مجاهدین، ارزش برابری را مبنای عمل

مبارزاتی و مناسبات خود قرار دادند. نسلی از زنان مجاهد که برای سالها، نهادهای بزرگ این مقاومت را اداره کرده‌اند، به این ارزش جامه عمل پوشانده‌اند. هم چنین نسلی از مردان معتقد به آرمان برابری با پذیرش پیشتازی و برابری زنان دنیای تازه‌یی از رهایی و مسئولیت‌پذیری را به روی خود گشوده‌اند. تشکیل شورای مرکزی مجاهدین با شرکت یک هزار زن مجاهد برای هدایت این مقاومت، گام بلندی در همین مسیر است. حالا آن‌ها راه را برای سپردن مسولیتها به نسلهای جدید باز می‌کنند.

پیام ساده شورای مرکزی مجاهدین این است: بر سر هر کار و موقعیتی، ایده اول من را کنار بگذار. اما برای از خودگذشتگی و مسئولیت‌پذیری همیشه اول باش. و به جای ضعف‌ها و کمبودهای دیگران به قوت‌هایشان نگاه کن که این دنیای انسانی نوینی را می‌سازد.

خواهران عزیزم، بالاترین سرمایهٔ ما همبستگی ماست. اتحادمان را از زندان‌های ایران و کانونهای آتش و وحشت در خاورمیانه تا هرجا که ظلمی هست گسترش دهیم. و پیامی نو و رهایی‌بخش برای جهان بشری باشیم.

آری، می‌توان و باید.

نیروی زنان هماورد بنیادگرایی اسلامی

روز ۱۶اسفند سال۱۳۹۳(۷مارس سال ۲۰۱۵) گردهمایی بزرگی به مناسبت روز جهانی زن در برلین- با حضور مریم رجوی برگزار شد. در این گردهمایی شماری از شخصیت‌های بین‌المللی و زنان برجسته از سراسر جهان شرکت داشتند. از جمله کیم کمپبل، و رادیکووا نخست وزیران سابق کانادا و اسلواکی، ریتا زوسموت، رئیس پیشین پارلمان آلمان، لیندا چاوز، رئیس سابق روابط عمومی کاخ سفید، فرانسیس تاونزند، مشاور رئیس جمهور آمریکا در امور امنیت داخلی و تروریسم(۲۰۰۴-۲۰۰۸)، اینگرید بتانکورد، کاندیدای سابق ریاست جمهوری کلمبیا، زابینه لوت هازر اشنارن برگر، وزیر دادگستری سابق آلمان، ماریا کاندیدا المیدا، دادستان کل پرتغال، خوله دنیا، به نمایندگی از هیات زنان اپوزیسیون سوریه، نجیمه طای‌طای از مراکش به نمایندگی از

هیأت زنان پارلمانتر کشورهای عربی، والنتینا لسکای قانونگذار آلبانی و معاون شورای اروپا، سناتور گری دوران وادل و بئاتریس بسرا از اسپانیا و نله‌لاینن از بلژیک به نمایندگی از هیأت بزرگ زنان پارلمانتر اروپایی و رانجا کوماری از هند.

علاوه بر این، در این گردهمایی شخصیت‌هایی هم چون رودی جولیانی، شهردار سابق نیویورک، ، فرهویگن، کمیسر اروپا (۱۹۹۹ - ۲۰۰۹)، هورست تلچیک، مشاور صدراعظم و رئیس سابق کنفرانس امنیتی مونیخ، اسقف ولفانگ هوبر، رئیس سابق شورای پروتستان آلمان، اتو برنهارد، رئیس بنیاد کنراد آدنائر و رئیس کمیته آلمانی همبستگی با ایران آزاد؛ و ریچارد چارنسکی، نایب رئیس پارلمان اروپا از لهستان، آلخو ویدال کوادراس، رئیس کمیته بین‌المللی در جستجوی عدالت، استرون استیونسون، رئیس بنیاد ایفا، برنار کوشنر، و جولیو ماریا ترتزی، مانیا پادیا کیدز، وزیران خارجه سابق فرانسه و ایتالیا و گرجستان شرکت داشتند. متن سخنان مریم رجوی در این گردهمایی را در صفحات بعد می‌خوانید:

در آستانه روز جهانی زن، گرمترین درودهایمان نثار زنانی که برای آرمان برابری به‌پاخاستند، از خود گذشتند، راه را برای دیگران گشودند و عصر تازه‌یی را در جهان بشری نوید دادند.
خوشحالم که این کنگره را که به موضوع برابری و بردباری اختصاص یافته، در برلین برگزار می‌کنیم. از کوشش تمام مدافعان حقوق زنان در آلمان که در این‌جا حاضرند، به‌خصوص خانم زوسموت، به‌خاطر برگزاری این گردهمایی، تقدیر می‌کنم.

جهان ما در دو قرن گذشته، بارها از جنبش‌های برابری‌طلبانهٔ زنان به اوج رسیده است: از جنبشهای بزرگ زنان برای حق رأی و حق انتخاب شدن، تلاش برای کسب حقوق و آزادی‌های فردی از جمله حق تحصیل، حق مالکیت، حق طلاق، حق ارث و حق دستمزد برابر و افزایش سهم زنان در سیاست و اقتصاد تا مبارزات فداکارانهٔ زنان در جنبش‌های آزادی‌بخش و ضد استبدادی.
اما متأسفانه پیشروی آرمان برابری، امروز با دیوار قطوری به نام بنیادگرایی اسلامی مواجه شده است. نیرویی که اگرچه با نسل‌کشی، تروریسم و اشاعهٔ تبعیض، تمام منطقه و جهان را به خطر انداخته، اما بیش از همه با زنان دشمنی دارد. به همین دلیل، امروز در سراسر خاورمیانه، روزگار زنان یکسره با ناامنی، سرکوب، آوارگی، کشتار و اسارت آمیخته است.
اما بنیادگرایی، فراتر از خاورمیانه، کل اروپا و سایر نقاط جهان را تهدید می‌کند. با این‌همه، من می‌خواهم بگویم که راه نجات و پیروزی هست. و هماورد بنیادگرایی اسلامی، نیروی زنان است. راه حل در جنبش مقاومتی

است که به نیروی زنان و رهبری زنان اعتقاد دارد و عملاً آن را به اثبات رسانده است. آری، این زنان هستند که پیشتاز این نبردند.

راه حل مقابله با بنیادگرایی

مقابله با بنیادگرایی نیازمند یک راه حل همه‌جانبه، ازجمله یک پاسخ فرهنگی است. بنیادگرایی با دستاویز قراردادن اسلام، از آن به صورت سلاحی برای تهاجم خود استفاده می‌کند، پس پاسخ در آنتی‌تز بنیادگرایی یعنی اسلام دموکراتیک است. باید تأکید کنم که این دو، ضد تمام عیار یکدیگرند:

- یکی ایدئولوژی استبدادی است، و دیگری دین آزادی که حاکمیت را مهمترین حق مردم می‌داند.
- یکی مدافع تبعیض دینی است، دیگری اسلامی است که مدافع حقوق برابر برای پیروان سایر ادیان است.
- یکی انحصارطلبی و دگماتیسم است و دیگری اسلام بردبار که احترام نسبت به صاحبان عقاید و ادیان دیگر را ترویج می‌کند.
- یکی دیانتی تحمیل شده با زور است، و دیگری اسلامی است که هرگونه اجبار و اکراه در دین را رد می‌کند.

یکی آیین اسارت و زن‌ستیزی است و دیگری اسلام رهایی و برابری زنان.

این حقیقتی است که از حدود نیم قرن پیش، مجاهدین خلق با تأکید برآن، بنیادگرایی اسلامی را به چالش کشیده‌اند.

درباره این دو اسلام، مسعود رجوی گفته است: یک اسلام پیام‌آور ظلمات است و آن‌یکی پرچمدار آزادی و یگانگی و رهایی. اما نبرد بین این‌دو، که درعین حال جنگ سرنوشت برای مردم و تاریخ ایران هم هست، یکی از مهمترین حلقه‌های قدر انسانیت معاصر است.

حال باید به این سؤال پاسخ بدهیم که از نظر سیاسی، راه حل بنیادگرایی چیست؟ امروز در آسیا و آفریقا گروههای مختلف بنیادگرا، به ویرانگری

و ترور تحت نام اسلام مشغولند و جنایات آنها که تا پاریس و بروکسل و کپنهاگ امتداد پیدا کرده، جامعهٔ بشری را به خطر انداخته است.

راه مهار این خطر چیست؟ و نقطه کانونی آن کجاست که اگر فرو بریزد، پدیدهٔ بنیادگرایی به پایان خود رسیده است؟

پاسخ را باید در مقابله با دیکتاتوری دینی حاکم بر ایران یافت. چرا که این رژیم، قلب مشکل است و حمایتش از دیکتاتوری بشار اسد و مالکی در سوریه و عراق باعث ظهور شبه‌نظامیان بنیادگرا و داعش شده است. بر همین اساس سکوت در مقابل دخالتهای فاشیسم دینی حاکم بر ایران در سوریه، عراق و سایر کشورهای منطقه چه رسد به همکاری با آن به بهانهٔ مقابله با داعش - یک اشتباه استراتژیک است. خام‌خیالانه است که از آتش‌افروز بخواهیم که آتش را خاموش کند. به عکس، سیاست صحیح این است که از رژیم ملاها در عراق و سوریه، خلع ید شود.

رژیم ایران، پایه‌گذار اغلب جنایتها و پلیدیهایی است که گروه‌های بنیادگرا با تقلید از الگوی حکومت آخوندها، بخشی از آن جنایت‌ها را تکرار کرده و می‌کنند. راستی، در دو دههٔ آخر قرن بیستم، چه کسی سنگسار را رسمیت بخشید؟

چه کسی چشم درآوردن و دست و پا بریدن را به‌عنوان مجازات، وارد قوانین خود کرد؟

چه کسی بیشترین شمار زندانیان سیاسی را از جنگ جهانی دوم به این‌سو قتل عام کرده است؟

در تاریخ معاصر اولین بار چه کسی فتوای قتل یک نویسندهٔ خارجی را صادر کرد؟

چه کسی خلافت ارتجاعی را دوباره زنده کرد و الگو قرار داد؟

همین رژیم ولایت فقیه، پدرخواندهٔ تروریسم، دشمن ملتهای خاورمیانه و تهدید اصلی صلح و امنیت جهان.

به مناسبت روز جهانی زن باید اشاره کنم که خمینی و مزدوران او چنان

رذالتها و تعدیاتی به ویژه در زندان‌ها علیه زنان مرتکب شده‌اند، که هنوز که هنوز است بازگو نشده و مکتوم باقی مانده است. حقیقت این است که جنایتهای تکان‌دهندهٔ ماه‌های اخیر گروه داعش که قلبهای مردم جهان را به درد آورده، تنها بخش اندکی از فاجعه‌یی است که ۳۶ سال است بر مردم ایران حاکم شده است. در سطح منطقه نیز همین رژیم بود که تروریسم تحت نام اسلام را بنیاد گذاشت.

خوشبختانه امروز، رهبران جوامع غرب با صراحت کامل حساب اسلام را از بنیادگرایی جدا می‌کنند. خانم مرکل صدر اعظم آلمان در سخنرانی خود گفت: «ترور به نام اسلام اهانت به خداست». ولی این کافی نیست چرا که باید پایه‌گذار، پشتیبان و هدایت‌کنندهٔ پدیده بنیادگرایی در جهان امروز، یعنی رژیم ایران را هدف قرار داد. به همین دلیل، به زیرکشیدن این رژیم، یعنی پدرخواندهٔ داعش، یک ضرورت مبرم، نه فقط برای مردم ایران، بلکه برای تمام منطقه و جهان است.

هدف قرار دادن کانون بنیادگرایی اسلامی

جهان امروز نمی‌تواند بنیادگرایی را شکست بدهد مگر زمانی‌که کانون بنیادگرایی یعنی رژیم آخوندها در ایران را هدف قرار دهد. جرم دولت‌های مماشاتگر غرب این است که نه تنها به‌طور جدی به مقابله با بنیادگرایی نپرداخته‌اند، بلکه با حامی دولتی آن، یعنی رژیم ایران، راه سازش در پیش گرفته‌اند و در سرکوب آلترناتیو بنیادگرایی مشارکت کردند.

راستی چرا دولت‌های غرب در برابر گروه داعش و افراطی‌گری تحت نام اسلام سردرگمند؟ چرا نمی‌توانند واقعیت بنیادگرایی را هم با تهدیدهای آن و هم با ضعفهای عمیقش - به درستی بشناسند؟ زیرا سراپا به مماشات با بنیادگرایی آغشته‌اند. ما به آنها می‌گوییم مماشات را متوقف کنید و جبههٔ خود را از کانون بنیادگرایی یعنی رژیم ایران جدا سازید.

کما این‌که می‌خواهم هشدار بدهم که امتیاز دادن به این رژیم در

مذاکرات اتمی، برخلاف منافع مردم ایران و منطقه و برخلاف صلح و امنیت جهانی است. هم‌چنین قربانی کردن حقوق بشر مردم ایران است. همین چند روز پیش آخوندها، دهها نفررا به طور مخفیانه و علنی اعدام کردند. از جمله ۶زندانی سیاسی اهل سنت، از جوانان برومند مردم کردستان را در حال اعتصاب غذا به دار آویختند.

از همین جا به این شهیدان درود می فرستم و تأکید می‌کنم سکوت و بی‌عملی در برابر این جنایات ضدبشری به بهانهٔ مذاکرات اتمی، نه تنها رژیم را در ادامهٔ این جنایات، بلکه در استمرار پروژه‌های اتمی نیز تشویق می‌کند.

آخوندها در حضیض ذلت، پای مذاکرات آمدند. ولی سیاست مماشات، ملاها را جری‌تر کرده است. این سیاست ضعیف، تشویق بنیادگرایی است. پس به آن پایان بدهید.

اما راه حل وجود دارد. زیرا مردم ایران در مقابل دیکتاتوری دینی، هیچ‌گاه سکوت نکرده و بیش از سه دهه است که یک آلترناتیو دموکراتیک در مقابل آن برپا کرده‌اند؛ آلترناتیوی که جنبشی را در محور خود دارد که از اسلام اصیل و دموکراتیک پیروی می‌کند و بر جدایی دین و دولت تاکید دارد؛ یک آلترناتیو پرتوان که حامل پیام برابری زنان در همهٔ عرصه‌ها،

به‌ویژه در رهبری سیاسی جامعه است.
هم پایداری این جنبش و هم پیشرفت آن مرهون آرمان برابری است. حضور زنان در همهٔ سطوح این جنبش و پایداری آنها در صف مقدم نبرد در کوران شدیدترین فشارها و قتل عام‌ها، مدار جدیدی از تعهد به آرمان آزادی و مدار جدیدی از استحکام و پایداری در این جنبش به وجود آورده است.
جنبشی که از آرمان خود سرشار می‌شود و اسیر تعادل قوای زمانه نیست. پایدار می‌ماند پیشروی می‌کند، جوشان و پرطراوت است و نوبه‌نو ارزشهایی می‌آفرینند که مایهٔ استقامت امروز و سازنده فرداست.
ارزش‌هایی هم‌چون اصالت دادن به عشق و عاطفه و دوستی و مایه‌گذاری برای همرزمان، درنقطهٔ مقابل رقابت، حسادت و حذف دیگری. و در یک کلام، اصالت عشق در مقابل کینه. هم‌چنین ناامید نشدن و سر خم‌نکردن در مقابل سختیها به‌رغم مشکلات و طولانی شدن نبرد.
باید بگویم این ارزشها فقط متعلق به زنان و مردان پیشتاز ایران نیست، بلکه درهرجا که ظلم و نابرابری هست، کلید پیشرفت و رهایی است. این راه و رسمی است که به امید و مبارزه فرا می‌خواند و ایستادگی و استقامت را ترویج می‌کند.

جبهه جهانی علیه بنیادگرایی اسلامی

زنان آزاده درسوریه، عراق، فلسطین، تونس، مصر، اردن، یمن، لیبی، الجزایر، مراکش، افغانستان، هند، پاکستان، اروپا و آمریکا، و سراسر جهان! همهٔ شما را به تشکیل و گسترش یک جبههٔ پرقدرت علیه بنیادگرایی اسلامی و تروریسم و بربریت تحت نام اسلام فرا می‌خوانم. حضور مردان ضد بنیادگرا در این جبهه، البته جای ویژه‌یی دارد.
وقتی که در مورد کشتار کودکان ما در پاکستان اغماض و تحمل می‌شود، وقتی که ربودن دخترانمان در نیجریه و کشتار و آوارگی گستردهٔ زنان

و کودکان در سوریه به یک واقعهٔ معمولی تبدیل می‌شود، وقتی که نسبت به اعدام ریحانه و پاشیدن اسید به صورت خواهرانمان در ایران هیچ واکنشی دیده نمی‌شود، این نیروی زنان است که می‌تواند و باید به‌پا خیزد.

این صدای زنان، اعتراض زنان و اتحاد زنان است که می‌تواند و باید روند این فاجعه را متوقف کند. به دلیل این مسئولیت تاریخی، تغییر این شرایط، مسئولیت و تعهد همهٔ ماست و باید برای آن دست به کار شویم؛ برای برابری حقوق زنان در همه پهنه‌ها: از حق انتخاب پوشش و لغو حجاب اجباری تا حق مشارکت برابر در رهبری سیاسی جامعه. باید جهانی بسازیم بر اساس عدالت، آزادی و برابری. آری، بنای چنین جهانی به دست زنان، قطعاً ممکن است.

به همهٔ خواهرانم در سراسرایران، به زنان دلیری که هم‌اکنون در زندانها ایستادگی می‌کنند، به زنان جوانی که صدایشان رساترین صدای اعتراضهای امروز ایران است، به زنان معلم، که در همین روزها وسیعاً در جنبش اعتراضی معلمان ایران شرکت کردند، هم‌چنین به خواهران کارگر، کارمند، پرستار، ونیز به دختران دانش آموز و دانشجو، و دانش‌آموز می‌گویم که همهٔ شما امروز، رسالت آزادی ایران را بر دوش دارید.

به شما زنان و مردان آزاده، در سراسر جهان می‌گویم که برای مبارزه با فاشیسم دینی حاکم بر ایران، این جبهه را علیه بنیادگرایی اسلامی هر چه قویتر کنید. لحظه‌یی از تاریخ در پیش است که به رغم تیرگی‌ها و تباهی‌ها، جهان، از کابوس بنیادگرایی نجات می‌یابد و این بختک شوم، از سرنوشت ملت‌های خاورمیانه برمی‌خیزد.

آری، لحظه‌یی از تاریخ در پیش است که به رغم تیرگی‌ها و تباهی‌ها، جهان، از کابوس بنیادگرایی نجات می‌یابد و این بختک شوم از سرنوشت ملت‌های خاورمیانه بر می‌خیزد. و این با همبستگی ما و شما قطعاً تحقق می‌یابد. بله می‌توان و باید.

زن‌ستیزی برای حفظ نظام

روز ۱۷ اسفند ۱۳۹۳ (۸مارس ۲۰۱۵)، به مناسبت روز جهانی زن، میزگردی در برلین باشرکت مریم رجوی و شماری از شخصیتهای سیاسی و فعالان حقوق زنان از کشورهای مختلف از جمله آمریکا، کانادا، فرانسه، آرژانتین، اسپانیا، ایتالیا، فنلاند، پرتغال، رومانی، آلبانی، فلسطین، الجزایر، سوریه، مصر، مراکش، اردن، تونس، بحرین، کردستان عراق، آلبانی، تاجیکستان، هند، پاکستان، مالدیو... برگزار شد. متن سخنان مریم رجوی در این میزگرد را در صفحات پیش‌رو می‌خوانید:

روز جهانی زن را به همهٔ شما که از کشورهای مختلف در این‌جا حضور دارید، تبریک می‌گویم. به‌رغم دیکتاتوری و زن‌ستیزی آخوندها در ایران، و جنایات بنیادگرایان علیه خواهران ما در خاورمیانه و آفریقا، امسال بیش از هرسال دیگر ضروری است که ما روز جهانی زن را به همدیگر تبریک بگوییم. چرا که نیروی زنان در جنبش آزادیخواهی و برابری در ایران و سایر نقاط جهان، مشعل فروزانی فرا راه انسانهایی است که به دیکتاتوری و به ارتجاع و تبعیض، «نه» می‌گویند و مصمم‌اند که آن را برچینند!

حجاب اجباری با شعار یا روسری یا توسری

در یک‌سال گذشته، چالش‌های بزرگی علیه زندگی و سرنوشت زنان مسلمان و عرب، به‌خصوص در سوریه و عراق، به‌وجودآمده است. به همین دلیل، برای همهٔ ما درک حقایق مربوط به زن‌ستیزی بنیادگرایی، و نقش زنان درمقابله با آن، ضروری است.

در کنفرانس روز گذشته، تلاش کردم به اختصار به این سؤال جواب بدهم که در مقابل بلای بنیادگرایی، چه راه‌حلی وجود دارد. امروز می‌خواهم عملکرد بنیادگرایی را بر اساس تجربهٔ ایران مورد بحث قرار دهم؛ به‌خصوص که عملکرد ۳۶ سالهٔ بنیادگرایان در ایران، توسط گروههای پیرو آنها در سایر کشورها، در حال تکرار است.

اولین واقعیت مهم، این است که زن‌ستیزی، یکی از مهم‌ترین ویژگیهای بنیادگرایی و دیکتاتوری دینی حاکم بر ایران است. خیانت خمینی به انقلاب مردم ایران، در نخستین سالروز ۸مارس بعد از انقلاب ضدسلطنتی، چهرهٔ کریه خود را در خیابانهای تهران با سرکوب زنان، به صورت تحمیل حجاب اجباری با شعار «یا روسری یا توسری» نشان داد و در همان روز، زنان مجاهد که خودشان حجاب داشتند، در کنار زنان و در مقابل چماقداران خمینی ایستادند.

از آن پس تا به امروز، زنان ایران هدف وحشیانه‌ترین سرکوبها و تحقیرها و تبعیض‌ها قرار گرفته‌اند. شکنجه و اعدام دهها هزار زن مجاهد و مبارز که اکثریت عظیم آنها زنان مسلمان هستند، ابعاد حیرت‌انگیزی دارد که در دنیای معاصر نظیر ندارد.

سایر محدودیتها برای زنان ایران

از نظر آزادیهای مدنی و حقوق فردی و اجتماعی نیز این رژیم با نقض کنوانسیونهای بین‌المللی، به‌خصوص کنوانسیون منع تبعیض، موقعیت زنان ایران را پیوسته به قهقرا برده است. تحقیر، دستگیری و شلاق‌زدن برای تحمیل حجاب اجباری به زنان، بخشی از قوانین این رژیم است.

سال گذشته، خامنه‌ای سردمدار رژیم گفت: برابری زن و مرد، غلط است و افزود که باید از افکار غربی در مسائلی نظیر اشتغال و برابری جنسی، کاملاً فاصله بگیریم. پیرو همین سیاست، از سه سال پیش، ورود دختران به بیش از ۷۰ رشتهٔ تحصیلی در دانشگاهها ممنوع شد که نسبت به قبل، یک محدودیت مضاعف بود. به علاوه، سیاستها و مقررات فزاینده‌یی برای خانه‌نشینی زنان به اجرا گذاشته شده و درهای کار و اشتغال، پیوسته به روی زنان بسته‌تر می‌شود. به همین دلیل، سهم زنان از نیروی کار، در حد فقط ۱۳درصد محدود مانده است. این در حالی‌است که مطابق آمارهای دولتی حدود ۲ میلیون زن ایرانی سرپرست خانوار هستند و بیشتر آنها از فقر دردناکی رنج می‌کشند.

از طرف دیگر براساس دستور ولی فقیه ارتجاع، طرحی برای افزایش جمعیت به اجرا گذاشته شده است. به این منظور، قوانینی به تصویب رسید که برطبق آن از استخدام زنان و مردان مجرد جلوگیری می‌شود و کارمندان زن به افزایش فرزند سوق داده می‌شوند. نخستین و مهمترین اثر عملی این طرح نیز به حاشیه‌راندن و خانه‌نشین‌کردن زنان است.

زنان از اغلب حقوق و آزادیهای عمومی، حتی از تماشای مسابقات ورزشی

یا خواندن آواز، محروم‌اند و از صحنهٔ فعالیت اجتماعی حذف می‌شوند. زنان حتی در خصوصی‌ترین زوایای زندگی‌شان مورد کنترل و تجسس قرار می‌گیرند.

سرکوب زنان به بهانه حجاب اهرم سرکوب کل جامعه

دومین واقعیت مهم، این است که زن ستیزی محور سرکوب علیه تمام جامعه است و بقای استبداد آخوندی به آن مشروط است. علت زن‌ستیزی این رژیم، تعصب کور مذهبی یا تلاش برای حفظ عفاف جامعه یا کیان خانواده نیست. واقعیت این‌است که در دوران آخوندها، جامعهٔ ایران شاهد فروریختن ارزشهای انسانی و اخلاقی و هم‌چنین گسترش فحشا بوده است. زن‌ستیزی به بهانهٔ دین، به این دلیل سیستماتیک و مستمر شده که اهرمی برای سلطهٔ انحصاری ولایت فقیه است. دهها نهاد سرکوبگر رژیم برمحور زن‌ستیزی می‌چرخد.

این، دستاویز و توجیه‌گر عملیات کنترل دائمی مردم در خیابانها، و موضوع کار گشتهای سرکوبگر خیابانی و نهادهایی مانند «ادارهٔ مبارزه با منکرات» یا «پلیس امنیت اخلاقی» و ۲۰نوع پلیس دیگر شده است. کما این‌که مقابله با زنان به بهانهٔ بدحجابی، از مؤثرترین حربه‌ها برای ایجاد خفقان توسط رژیم در جامعه و خاموش‌کردن هرصدای اعتراضی است.

در پاییز گذشته در شهر اصفهان، آخوندها وجه دیگری از توحش و بربریت خود را با پاشیدن اسید به سر و صورت زنان نشان دادند. به بندکشیدن زنان با تشبث به بهانه‌های به‌اصطلاح مذهبی، هر مرز و محدودیتی را برای آخوندها از بین برده است. یعنی بدین وسیله، آنها دست خود را برای دخالت و کنترل، در همه جا بازتر می‌بینند. از جمله در محیطهای آموزشی و اداری و تولیدی، در گزینش کارمندان یا اخراج آنها، در کنترل دائمی رفت‌وآمد زنان و جوانان در خیابانها، در ورود خودسرانه به خانه‌های مردم، در سانسور کتاب و فیلم و تئاتر و موزیک،

در فیلترینگ سایتها و شبکه‌های اجتماعی و در پرونده‌سازیهای قضایی یا حمله به میهمانیها.

به همین خاطر است که در رژیم آخوندها تحمیل و کنترل حجاب، این‌همه در سیاستها و قوانین اهمیت یافته است.

به همین خاطر است که آخوندها آشکارا بی‌حجاب را مترادف ضد انقلاب معرفی می‌کنند.

به همین خاطر است که هرگاه رژیم دچار یک شکست سیاسی و بین‌المللی می‌شود یا هرگاه با قیامها و شورشهای اجتماعی مواجه می‌شود، از یک طرف تعداد اعدامها را بالا می‌برد و از طرف دیگر عملیات مبارزه با بدحجابی را شدت و گسترش می‌دهد.

رئیس‌جمهور رژیم، آخوند روحانی، حجاب اجباری را به موجودیت رژیم مربوط دانست. وی گفت: «حجاب برای امنیت است». آخوندهای حاکم می‌دانند که اگر از حجاب اجباری یا هر یک از قوانین و سیاستهای خود علیه زنان دست بردارند، نیروی زنان به‌سرعت پیشروی می‌کند و تمام جامعه را به حرکت در می‌آورند. بله حفظ امنیت نظام ولایت فقیه، دومین واقعیت مهم درمورد فهم علت زن‌ستیزی رژیم آخوندهاست.

زنان مهمترین تهدید اجتماعی رژیم آخوندها

اما سومین واقعیت مهم، این است که رژیم آخوندها، مهمترین تهدید اجتماعی خود را نیروی آزادیخواهی و برابری‌طلبی می‌بینند و این یکی از مهمترین دلایل کین‌توزی آخوندها علیه زنان است. باید یادآوری کنم که آنچه در انقلاب توده‌های مردم ایران درسال ۵۷علیه دیکتاتوری شاه اتفاق افتاد، مشابه بهار عربی و قیامهای سالهای اخیر خاورمیانه علیه دیکتاتورها و فساد بود.

در این بین، زنان که تاریخاً هدف تبعیض و تحقیر بوده‌اند، بیشترین و ریشه‌یی‌ترین مطالبات را داشته و دارند که همان برابری و رهایی است. به‌خصوص که ما در زمانه‌یی به‌سر می‌بریم که پیشرفت حقیقی جامعه، با برابری زن و مرد امکان‌پذیر می‌شود. از این رو خواستهای زنان و ایستادگیشان بیشترین تهدید را متوجه رژیم می‌کند. و به‌همین دلیل، فاشیسم دینی حاکم بر ایران، رکوردار بی‌رقیب اعدام و کشتار زنان سیاسی در تاریخ معاصر جهان است.

در نخستین سال شروع مقاومت درسه دهۀ پیش، شمار زندانیان زن به هزاران نفر می‌رسید. پس از آن نیز آخوندها به هر جنایت غیرقابل تصوری علیه زنان دست زدند. اما زن ایرانی تسلیم نشده است. این مهم‌ترین و پرافتخارترین نتیجۀ رویارویی زن ایرانی با رژیم ولایت فقیه است.

بله، سرکوب ادامه دارد، اما آخوندها در تحمیل راه و رسم ارتجاعی خود به زن ایرانی، شکست خورده‌اند.

قوانین حجاب اجباری، همچنان اجرا می‌شود؛ اما زن ایرانی در مقابل پوشش تحمیلی، مقاومت می‌کند و هر روز درگیری با نیروهای سرکوبگر افزایش می‌یابد.

اختناق با شدت تمام حاکم است، اما نتوانسته است مطالبات زنان را کاهش دهد و خواست مبرم زنان در اصل تغییر وضع موجود، یعنی به

زیر کشیدن نظام ولایت فقیه است.
درست رودروی این رژیم که دائماً تحقیر و حذف زنان را می‌خواهد، حضور هزار زن قهرمان در شورای مرکزی مجاهدین، پیشاپیش نبرد با فاشیسم مذهبی، روشنترین دلیل بر نقش کلیدی و مسئولیت‌پذیری و شایستگی زنان در جامعهٔ ایران است. این الگوی ایستادگی است و تمام زنان را به مبارزه برای آزادی و برابری و بر دوش‌گرفتن رسالت آزادی تمام جامعه فرا می‌خواند.
من می‌خواهم هم‌چنین بر رسالت بزرگی که بر دوش زنان در سراسر منطقه قرار دارد، تأکید کنم. کشاکش سرنوشت‌ساز کنونی، اوضاعی را پیش آورده که در آن مسئولیت زنان، از مبارزه برای کسب آزادی و برابری برای خودشان بسیار فراتر رفته است.
امروز، نجات تمام جوامع منطقه از شر بنیادگرایی، به‌صورت یک رسالت بزرگ بر دوش زنان قرار گرفته است. در این مبارزه، بزرگترین سلاح زنان و بالاترین توانایی و دارایی‌شان، همبستگی و پیوندهای هرچه محکم‌تر میان خودشان است. به‌رغم مذاهب و ملیتهای مختلف، به‌رغم عقاید و فرهنگهای گوناگون و با وجود همهٔ تفاوتها، آنچه می‌تواند یک نیروی فوق‌العاده مؤثر فراهم کند، همین اتحاد و همبستگی است.
بنابراین، مجدداً همهٔ شما را به تشکیل و گسترش یک جبههٔ پرقدرت علیه بنیادگرایی اسلامی و تروریسم و بربریت تحت نام اسلام فرا می‌خوانم.
من از صمیم قلب، امیدوارم و مطمئنم که اگر چه امروز شرایط تیره و تاری بر تمام ایران و خاورمیانه حاکم شده، اما مبارزهٔ زنان، آینده‌یی روشن به ارمغان می‌آورد که آزادی و دموکراسی و برابری را نصیب ملتهای این منطقه می‌کند.

مریم جوی
یک ایران جدید؟

بخشهایی از مصاحبه مجله فرانسوی ویمن ساید با مریم رجوی

۲۳فروردین۱۳۹۶(۱۲ آوریل ۲۰۱۷)

رئیس جمهور برگزیده شورای ملی مقاومت ایران، مریم رجوی به‌خاطر مخالفتش با رژیم جمهوری اسلامی ایران و به‌خاطر مواضعش در مورد دموکراسی، جدایی دین از دولت و برابری زن و مرد شناخته شده است. دیدار با او ضروری شده بود.

سوال: وضعیت زنان در ایران چیست؟

در یک تصویر کلی، موقعیت امروز زنان ایران این است: یک انرژی متراکم حبس‌شده یا یک فنر فشرده‌شده که برای جهش و پیشرفت بی‌تابی می‌کند؛ اما دیوار سربی ولایت فقیه، راهش را سد کرده است.
در جهان امروز، کشوری که یکی از ظالمانه‌ترین شرایط علیه زنان در آن حاکم است، ایران است. آخوندها از روز اول با انواع اجبارها زنان را هدف سرکوب و تبعیض سیستماتیک قرار دادند.
از نظر اقتصادی، از جمعیت ۸۰میلیونی ایران، ۴۵ میلیون نفر جمعیت غیرفعال محسوب می‌شوند. نزدیک به ۹۰ درصد این جمعیت غیرفعال، زنان هستند. رکود عمیق اقتصادی که از سال ۱۳۸۷شروع شده، قربانیانش زنان هستند. از ۲۴ میلیون خانواده ایرانی یک هشتم‌شان توسط زنان سرپرستی می‌شوند. که همگی در فقر دردناکی بسر می‌برند. در یک دهه اخیر دهها هزار زن، شغل خود را از دست داده و مشارکت اقتصادی زنان در ایران، فقط به ۱۴ درصد محدود شده است. نسبت زنان بیکار دو برابر مردان است، فروش نوزاد، شیوۀ امرار معاش زنان تیره‌بخت شده است. در تهران کم نیست خیابانهایی که در آن آگهی فروش نوزاد نصب شده است. شمار زنان کارتن‌خواب فقط در تهران پنج هزار نفر است و سال به سال بر شمار زنان خیابانی اضافه می‌شود.
از نظر قوانین، قانون مدنی ملایان بر پایه تبعیض بین زن و مرد تنظیم شده، زنان نمی‌توانند رئیس جمهور یا رهبر یا قاضی شوند، هم‌چنان‌که از بسیاری از مشاغل دیگر محرومند. سهم زنان از ارث، نصف سهم مردان است و اعتبار شهادتشان در دادگاه، نصف اعتبار شهادت مردان است و در برخی دعاوی اصلا شهادت زن معتبر محسوب نمی‌شود، حتی دیه قتل یک زن بر طبق قانون آخوندها، نصف دیه قتل یک مرد است.
در قانون جزایی آخوندها حقوق و ارزش انسانی زن، نصف حقوق مرد محسوب شده است و این برای خشونت و قتل علیه زنان از جمله قتل‌های ناموسی راه باز کرده است. یک آخوند ارشد رژیم، مکارم شیرازی، چندی پیش با وقاحت گفت: «در بعضی از زنان همواره یک حالت «مازوخیسم»

وجود دارد که گاهی به عللی تشدید می‌گردد، در این گونه موارد بحرانی و استثنایی، تنبیه ملایم در تسکین روحی آنها مؤثّر است».

احکام شریعت آخوندها، فرهنگ مردسالاری را با رسوم منحطی مثل چند همسری و ازدواج موقت به طور گسترده رایج کرده است.

در قوانین آخوندها در قبال تجاوز به زنان، سهل‌گیری آشکاری وجود دارد. دادگاه‌های رژیم به تظلم‌خواهی قربانیان تجاوز چندان اعتنایی نمی‌کنند. و زنانی که در برابر این نوع خشونت از خود دفاع می‌کنند مانند ریحانه جباری، دختر جوانی که در سال ۱۳۹۴ در تهران اعدام شد، به‌دار آویخته می‌شوند.

در خانواده، زنان باید باید تابع همسرشان باشند، از حق طلاق محروم‌اند و اگر جدا شوند حق سرپرستی کودک خود را ندارند. هم‌چنین اعمال حق مالکیت، مسافرت، خروج از خانه و حتی انجام برخی عبادتها به تصمیم‌ها و خواستهای مردان مشروط شده است.

خامنه‌ای، در شهریور ۱۳۹۵دربیانیه‌یی اعلام کرد که نقش زنان، مادری و خانه‌داری است و نقش مردان پدری و اقتصادی است. وی هم‌چنین خواستار تقویت سیاستهای دولتی برای افزایش فرزندآوری مادران شد.

روش محوری این رژیم برای سرکوب و تحقیر زنان، تحمیل حجاب اجباری است. برای اجرای این قانون، آنها کاری کرده‌اند که زنان ایران در همه جا دائماً احساس ناامنی می‌کنند. زیرا یک عملیات کنترل دائمی در کار است که در آن زنان پی‌درپی مورد مؤاخذه قرار می‌گیرند، دستگیر می‌شوند و تحقیر و مجازات می‌شوند. در سال ۱۳۹۵ فرمانده نیروی انتظامی گفت: به‌طور متوسط، روزانه ۲۰۰۰ زن به دلیل عدم رعایت حجاب اجباری دستگیر می‌شوند. برای تحمیل حجاب اجباری ۲۰ نهاد رسمی فعالیت می‌کنند.

سوال: آیا درست است که این رژیم زن ستیز است؟

بله، و باید توضیح بدهم که علت زن‌ستیزی این رژیم چیست. مردم ایران برای به‌دست آوردن آزادی و دمکراسی، در سال ۱۳۵۷ دیکتاتوری سلطنتی را سرنگون کردند. در آن زمان خمینی توانست از خلأ جنبشهای آزادیخواه و احزاب دمکراتیک که طی یک پروسه طولانی اختناق در زمان شاه، سرکوب شده بودند، استفاده کند و رهبری انقلاب را سرقت کند. خمینی مرتجعی مستبد بود. بنابراین از هنگام به‌قدرت رسیدن کار محوری‌اش مقابله با خواستهای دمکراتیک جامعه بود. اما این خواستها بیش از همه توسط زنان نمایندگی می‌شد که در مقیاس میلیونی در انقلاب ۵۷ مشارکت کرده بودند. آنها آگاه شده بودند و دیگر نمی‌خواستند نابرابری و تحقیرشدگی را تحمل کنند.

استبداد مذهبی که خمینی برقرار کرد، می‌خواست با سرکوب زنان، تمام جامعه را به‌بند بکشد.

اما آنچه علت واقعی زن‌ستیزی ملاها نیست، ادعای آنها در مورد اجرای قوانین اسلام است. آنها اسلام را دین نابرابری و اجبار و آیین سرکوب و بهره‌کشی زن معرفی می‌کنند که گویا برای حفظ و تقویت مردسالاری آمده است. این تصویر کاملاً واژگونه‌یی از اسلام است. در حالی که قرآن و اسلام زن و مرد را برابر شناخته و هرگونه اجبار و تحمیل در دین را مردود می‌شناسند. اسلام در نخستین سالهای شروع خود، گامهای بلندی برای احقاق حقوق اجتماعی و اقتصادی زن برداشت که نسبت به‌زمان خود در ۱۴قرن پیش، یک انقلاب بزرگ بود. این گامها سمت‌گیری برابری‌طلبانه داشت.

سوال: در کشوری که یک رژیم مذهبی با چنین دیدگاهی نسبت به‌زنان حاکم است، چطور یک زن در رأس اپوزیسیون قرار گرفت؟

موقعیت زنان تحت استبداد مذهبی که امروز بر ایران حاکم است، هیچ تناسبی با جایگاه شایسته زن ایرانی و سطح آگاهی و پیشرفت فکری و

مبارزاتی آن ندارد.

از چند دهه پیش از انقلاب مشروطه ایران، زنان ایران برای به‌دست آوردن آزادی و برابری شروع به‌مبارزه کرده‌اند. تلاش زنان ایران در این تاریخ طولانی، مملو از شور و پشتکار است. چهره‌های بزرگ و نامداری از زنان در عرصه شعر، ادبیات، آموزش، و رشته‌های علمی ظاهر شده‌اند که تلاش کرده‌اند هویت تازه زن ایرانی را که یک هویت آزاد و رها و انتخابگر است اثبات کنند. فداکارانه‌ترین این تلاشها توسط زنانی صورت گرفته که به‌مبارزه با دیکتاتوری رو آورده‌اند. در این مبارزه آنها هم برای آزادی مردمشان جنگیده‌اند، هم برای ترسیم هویت جدیدی از زن ایرانی که می‌خواهد مستقل و آزاد باشد و سرنوشت خودش را به‌دست بگیرد و در تغییر سرنوشت کشورش نقش تعیین‌کننده داشته باشد.

در مبارزه با استبداد مذهبی، آخوندها که یکی از وحشی‌ترین دیکتاتوریهای تاریخ ایران است، زنان ایران، هم در شکنجه‌گاهها، هم در میدان تیرباران، هم در صفوف قیامها و هم در جنبش سازمانیافته مقاومت، نقش پیشتاز و تعیین‌کننده داشته‌اند.

این واقعیت که امروز زنان ایران در سطوح مختلف، هدایت سازمان مجاهدین را برعهده دارند و بیش از نیمی از اعضای شورای ملی مقاومت هستند، حاصل همان فداکاریها و پیشتازیها است. زنان ایران در یک مبارزه سخت و طولانی و در مسیری پر از مانع و تاریکی و بغرنجی، صلاحیت خود را به‌دست آورده‌اند.

از سالها پیش، من از سوی مقاومت ایران، مشارکت فعال و برابر زنان در رهبری سیاسی را یکی از مهمترین مواد برنامه این مقاومت برای ایران آزاد فردا اعلام کرده‌ام. رهبری زنان، از نظر ما یک رویا یا یک شعار زیبا نیست؛ بلکه واقعیتی قابل دسترسی است. زیرا یک پشتوانه غنی از مبارزه زنانی دارد که در مبارزه‌یی دشوار در برابر این رژیم شایستگی کسب کرده‌اند.

سوال: اگر هیچ اقدامی برای آزادی زنان در ایران انجام نمی‌شود، شما چه توصیه‌یی می‌کنید؟

این نتیجه‌گیری درست است که تحت حاکمیت آخوندها، نمی‌توان انتظار داشت کمترین قدمی برای احقاق حقوق و آزادی زنان برداشته شود. زن‌ستیزی ویژگی ذاتی دیکتاتوری دینی حاکم است و اگر بخواهد از سرکوب و تبعیض علیه زنان دست بردارد، خود را نفی کرده است. این رژیم رفرم‌ناپذیر است. این واقعیت را تاریخچه این رژیم در نزدیک به‌چهار دهه گذشته اثبات کرده است. در سه‌مقطع مختلف آخوندهایی ظاهر شدند که مدعی میانه‌روی بودند؛ یکبار رفسنجانی، یک بار خاتمی و حالا روحانی. اما در عمل ثابت شد که وظیفه‌یی جز طولانی‌کردن عمر این رژیم ندارند و کمترین فاصله‌یی از سیاستهای زن‌ستیزانه نمی‌گیرند. رفسنجانی می‌گفت مغز زنان کوچک است، و در دوره رئیس‌جمهور کنونی تاکنون حدود ۷۰ زن اعدام شده‌اند.

سوال: آیا در نظر دارید رئیس جمهور ایران باشید؟ اگر جواب مثبت است، تا چه اندازه؟

شورای ملی مقاومت ایران، ائتلاف گروهها و شخصیتهای با عقاید و گرایشهای سیاسی مختلف و ملیتهای گوناگون ایران، که آلترناتیو دمکراتیک استبداد مذهبی است، مرا به‌عنوان رئیس‌جمهور دوران انتقال قدرت پس از سرنگونی این رژیم برگزیده است. این مأموریتی است برای یک دوره محدود که پس از تشکیل مجلس مؤسسان و تصویب قانون اساسی جدید پایان می‌یابد. رئیس‌جمهور آینده ایران بر اساس آرای مردم ایران در یک انتخابات آزاد مشخص خواهد شد.

این تاریخ ماست

نمایشگاه عکس ۱۵۰سال مبارزه زن ایرانی

در جریان کنفرانس بین‌المللی به‌مناسبت روز جهانی زن در آلبانی، یک نمایشگاه عکس، از مبارزات ۱۵۰ ساله زنان ایران در راه آزادی، همراه با تصاویری از زنان پیشتاز و آزادیخواه ایران، درمعرض بازدید شرکت‌کنندگان در این کنفرانس قرار گرفت.

مریم رجوی ضمن بازدید از این نمایشگاه، طی سخنانی به تقدیر از مبارزات زنان ایران پرداخت و با تقدیم گل نسبت به زنان شهید و پیشتاز و مجاهدان و مبارزان راه آزادی ادای احترام کرد.

از همه کسانی که دست‌اندرکار این ابتکار زیبا بودند، برای این که لحظاتی از راه طولانی و پرمشقت زن ایرانی به‌تصویر کشیده بشود، تشکر می‌کنم.
این، تاریخ قهرمانی زن ایرانی است و هم‌چنین تاریخ رنج‌های او.
عکس‌هایی در این جا هست که انگار یک تاریخ را دارد بازگو می‌کند مثل عکس طاهره طلوع، با دشنه پاسداران خمینی در قلب‌اش بر فراز چهار زبر، یا عکس ندا آقاسلطان در کف خیابان‌های تهران.
این تاریخ ماست.
تاریخ پایداری مردم ما برای آزادی.
البته بخش کمی از قهرمانی‌های زن ایرانی ثبت شده یا به‌تصویر کشیده شده است. این بخشی است که دیکتاتورها و زن‌ستیزان و مرتجعین، دیگر نتوانسته‌اند آن را حذف یا تحریف کنند. اما واقعیت این است که تلخی‌ها و جراحت‌ها و دردهایی هم از زندگی این ۱۵۰ ساله خواهران ما در ایران هست که وسیله‌یی برای به تصویر کشیدن‌اش وجود ندارد؛ نه عکس، نه فیلم، نه شعر، نه رمان.
با این حال، یادآوری پیشینه مبارزات زن ایرانی و تاریخچه همه تلاش‌هایی که بی‌وقفه، در این مدت طولانی کرده بسیار لازم است.
از مبارزه و فداکاری آن‌ها، از آن همه که بر تخت‌های شکنجه، شلاق خوردند و ایستادگی کردند؛ تا تلاش‌های روشنگر و آگاهی بخش‌شان در همه عرصه‌ها از شعر تا رمان تا آموزش و کارهای علمی و پژوهشی. تا زحمت‌های جانکاهی که به‌عنوان کارگر و کشاورز و پرستار یا کارهای دیگر تحمل کرده و می‌کنند.

این نشان می‌دهد که خواست‌های امروز مردم ایران و به‌خصوص زنان ایران، برای آزادی و برابری چه پشتوانه‌یی دارد، چطور قدم به قدم تکامل پیدا کرده و چطور توانسته یک نقش محوری در مقاومت برای آزادی پیدا کند.

وقتی این تصویرها را در کنار هم بگذارید، معنی‌اش این است که در امتداد همین پایداری‌ها، زن ایرانی تاریخ را ورق خواهد زد.

PMOI martyrs

One must resist
April 1981

FEBRUARY 8, 1982

۱۵۰ سال مبارزه زن ایرانی برای آزادی و برابری

شرکت زنان ایران در انقلاب مشروطه
شرکت در جنبش ملی شدن صنعت نفت به رهبری دکتر مصدق
شرکت در جنبشهای پیشتاز دهه۱۳۵۰
شرکت گسترده در انقلاب ضدسلطنتی سال ۱۳۵۷
افشای سیاست‌های ارتجاعی خمینی طی سالهای ۱۳۵۸تا ۱۳۶۰
نبرد با استبداد مذهبی ومقاومت در شکنجه‌گاه‌ها و در برابر تیرباران و حلق‌آویز توسط رژیم استبداد مذهبی
حضور فعال در ارتش آزادی بخش ملی ایران
در خط مقدم تظاهرات و قیام‌ها علیه ولایت فقیه در شهرهای ایران
مسئولیت‌پذیری در مواضع کلیدی در مقاومت سازمان‌یافته
حضور در پارلمان مقاومت با بیش از ۵۰ درصد کرسی‌ها برای زنان
رهبری پایداری ۱۴ ساله اشرف و لیبرتی
زنان نیروی تغییر؛ نیروی اصلی شکست بنیادگرایان حاکم بر ایران

Iranian Women:
150 Years Struggle for Freedom and Equality

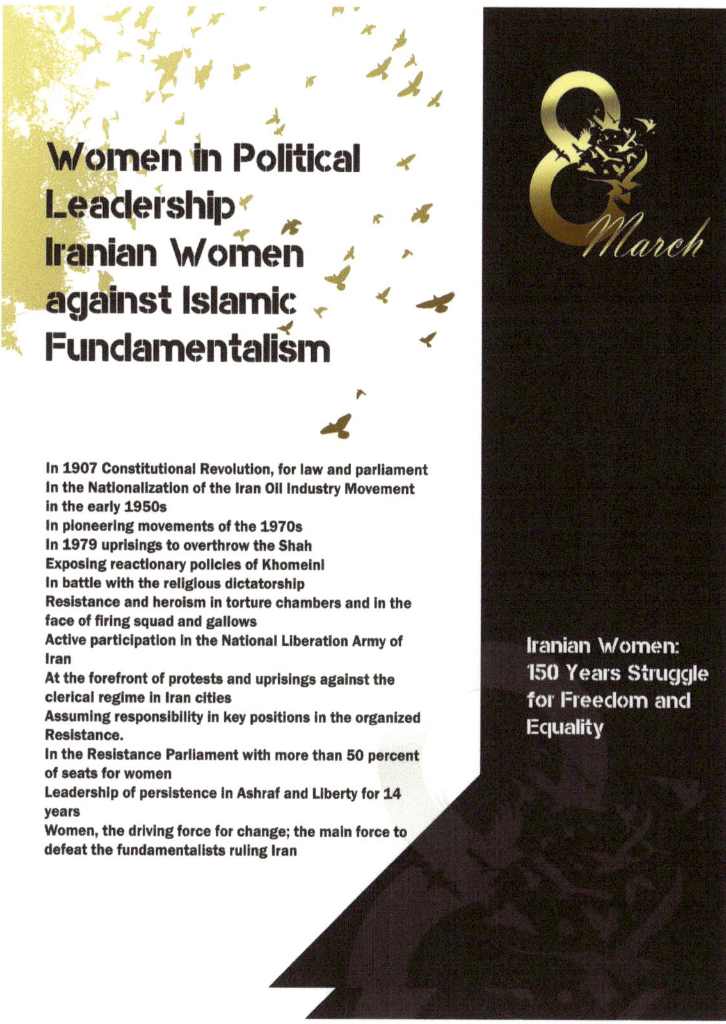

پیوست‌ها

هرگز رویاهایتان را رها نکنید، هرگز!

پیام فرانسواز هریتیه، دانشمند مردم‌شناس فرانسوی به کنفرانس تعهد برای برابری- زنان متحد علیه بنیادگرایی اسلامی پاریس - ۲۷ فوریه ۲۰۱۶

«پیام من خیلی ساده است. این که زنان از موقعیت برابر با مردان برخوردار باشند و با همان احترامی که با مردان برخورد می‌شود با آنها هم برخورد شود، بسیار درست است. اما بدون مبارزه نمی‌توان به این امر دسترسی پیدا کرد. رسیدن به این هدف، بدون جنگیدن عملی نیست، بدون مایه‌گذاری امکان‌پذیر نیست. و به همین خاطر است که تعلیم و تربیت فوق‌العاده مهم است.

هم‌چنین به‌دست‌گرفتن رهبری سیاسی، در هر جا که امکان‌پذیر باشد، مهم است و به همین خاطر است که شخصا بسیار شیفته کاری هستم که توسط خانم مریم رجوی انجام شده است. چرا که خیلی زود نسبت به کیفیت مبارزه او و صداقت تعهداتش اشراف پیدا کردم چه در زمینه جدایی دین از دولت و چه در زمینه تعهدش برای زنان. و جاهایی که وی نوآوری کرده است.

فکر می‌کنم این یک موضوع اساسی است که اگرچه مربوط به محیط خاصی است، ولی می‌تواند یک الگو برای دیگران باشد. چرا که او (مریم رجوی) انتخاب کرد که برای اعمال رهبری سیاسی، مسئولیت را به زنان بسپارد در حالی‌که این کارها سنتاً در دست مردان بود. و زنان فقط دستیارانی ساده یا سکرتر بودند.

او تصمیم گرفت که این اوضاع را به‌هم بزند. نمی‌گویم که این همه جا امکان‌پذیر است. مثلا در همه شرکت‌ها یا در همه کشورها، ولی یک الگو است. و اگر عمل کند و قاعدتاً که باید عمل کند و هیچ دلیلی وجود ندارد که زنان بی‌صلاحیت باشند، و اگر پاسخ بگیرد، الگویی برای کل بشریت خواهد شد.

این به مثابه پیامی به زنان است که:
به یک واکنش غیرطبیعی که از کودکی به آنها تحمیل شده و می‌گوید: «من هیچ‌وقت نخواهم توانست، این حیطه مردان است و باید به‌دست آنها سپرد»، تن ندهند. باید قبول کنند که جسورانه دل به دریا بزنند. این جسارت را به زنان امروز توصیه می‌کنم.
در مورد زنان لیبرتی، خیلی برایم سخت است که به‌جای آنها صبحت کنم و برای آنها پیامی بدهم. چرا که وقتی آدم راحت در آپارتمان پاریسی خود نشسته است و به‌دور از جنگ‌ها و نبردها و به‌دور از مشکلات روزمره زندگی است، تقریبا مغرورانه خواهد بود که آدم بخواهد به آنها چیزی بگوید، چرا که در واقع باید به آنها گوش داد و از آنها الگو برداری کرد. شاید یک چیز بتوانم اضافه کنم که خیلی به آن اعتقاد دارم و آن افتخار است یعنی نه تنها لازم است که آنها از جسارت برخوردار باشند که برخوردار هستند، بلکه همواره به آنچه هستند باید افتخار کنند و آن را با قدرت بشناسانند و ابراز کنند از جمله به رخ شکنجه‌گرانشان بکشند.
به دختران جوان امروز، به دختران جوان و زنان جوان ـ البته نمی‌گویم که برای دیگران وقتش گذشته است، آنها هم کماکان می‌توانند مبارزه کنند ـ ولی به دختران جوان که پر از امید هستند و دنبال نه یک زندگی رویایی، بلکه دنبال زندگی‌یی هستند که رویای آن را دارند ـ و این دو دقیقاً یک چیز نیست ـ به آنها می‌گویم که هرگز رویاهایتان را رها نکنید، هرگز».

حصارهای اشرف

پیام دانیل میتران فقید که روز ۳۰ شهریور۹۰ در کنفرانس «حفاظت اشرف و التزامات ملل متحد» در مقر سازمان ملل قرائت شد

«در دوران اشغال فرانسه از سوی نازیها، ما هزاران جوان سرکوب‌شده، اسیر و خاموش بودیم که رویایمان ساختن آینده‌یی بود در یک اروپای بدون مرز که در آن هر کس بر حسب فرهنگ و زبان خود و درعین وفاداری و دلبستگی به سرزمین زادگاهش، جایگاه حقه خویش را بیابد.

ما را در آن زمان تروریست می‌نامیدند. در همین دوران بود که من درک کردم که تنگ‌ترین و سخت و سیاه‌ترین حصارها، دیوارهای بتونی، سنگی یا آهنین زندانها نیست. بلکه حصارهایی است که یک دیکتاتوری ما را به حمل آن در خودمان مجبور می‌کند، حصارهای تحقیر، وادادگی و فرسودگی، حصارهایی تحمیلی تا آنجا که همه چیزمان و حتی هویتمان را نفی کنیم.

برای اشرف همه گونه حصارهای مجازی یا نامرئی اختراع کرده‌اند. ابتدا حصار فراموشی، سپس حصار دروغ، بعد سکوت و بعد حصار ممنوعیت غذایی و بهداشتی. و نهایتاً حصارهای صوتی و دکلهای شنود و اخلال الکترونیک.

پیشرفتهای تکنولوژیک همواره قوه تخیل دژخیمان را تحریک کرده است. کشتن و زجرکش‌کردن، رها کردن مجروحان و ربودن گروگانهای بیگناه و بی‌دفاع.

چنین است که تصور می‌کنند می‌توانند به مقاومت یک خلق پایان دهند. اما در اشرف، امید به فوریت باز می‌گردد زیرا به رغم دیوارها و حصارها، تک‌تک آنان می‌دانند که هزاران تن از برادران و خواهران پناهنده‌شان در چهار گوشه جهان دراین امید سهیم هستند و شما، مریم رجوی عزیز، اینجا آن امید را

نمایندگی می‌کنید.

پس انرژی همراه با عشق به زندگی و رویای جهانی عادلانه که در آن صلح و امنیت برای تک‌تک افراد تضمین شده باشد، باز می‌گردد و آیا مضمون اصلی گردهمایی امروز ما چیزی جز اینست؟

دریک کمپ، مسأله زنده ماندن به خاطر خود مطرح نیست، بلکه برای دیگران زیستن است. این مشابه فداکاری روزمره مادران است. ما همه این الگوی زیبا را که شقایق کوچولو در نامه‌اش به خانم پیلای تصویر کرده می‌شناسیم.

و اینست وجه تمایز دژخیم از قربانی، و زندانبان از زندانی: این آینده را تدارک می‌بیند درحالی که آن تلاش می‌کند حال را نابود کند. تدارک آینده، دوستان عزیز و نازنین اشرفی من، به بهای فداکاری شما به دست می‌آید، اما تنها این نیست: همه باید الگویی را که شما برای تمام ستمدیدگان ترسیم می‌کنید و پیام امیدی که با خونتان خطاب به بشریت می‌نویسید همواره مد نظر داشته باشند».

ترس از حجاب

نوشته الیویه استاینر

چه بخواهیم چه نخواهیم، می‌ترسیم. چه با فرهنگ باشیم چه جاهل، کمتر یا بیشتر می‌ترسیم، چون همیشه همین داستان تکرار می‌شود، ترس از آن که مثل خودمان نیست. از عرب، بچه عرب، حومه‌نشین، لات، داعش، از ۱۱ سپتامبر، ۱۱ ژانویه، از مالی، حزب‌الله، از سوریه، اتمی، از شریعت، خلیفه بزرگ، ازرهبران عقیدتی، تمام این‌ها را مخلوط می‌کنیم با رشید یا فریدا که همسایه بغلی یا ساکنان آپارتمان زیری هستند.

مبالغه می‌کنم، بله، کمی مبالغه می‌کنم. تمام اینها بسته به این است که خود را در کجا قرار بدهیم، درکجا، در چه شهر، در چه محل و با کی زندگی می‌کنیم.

پس از حجاب هم می‌ترسیم. به شدت می‌ترسیم. این غیرعادی و مغایر سنت متداول است، و لائیسیته در این بین، آیا این تهدیدی برای لائیسیته عزیز ما نیست؟

بله، خانم مریم رجوی، رهبر مقاومت ایران روسری دارد... جامی خوریم...علاوه بر آن او با مردها هم دست نمی‌دهد؟ دوباره جا می‌خوریم... چه باید گفت؟ دقیقا بسیار چیزها... چون دو نوع حجاب وجود دارد ولی نه در شکل و رنگ آن. یکی حجاب تحمیلی و اجباریست که عدم رعایتش تنبیه و حتی بدترین مجازات را دارد و دیگری حجابی است که آزادانه و با انتخاب و اعتقاد شخصی رعایت می‌شود.

مریم رجوی روسری برسر دارد اما برای آزادی زنان ایرانی که حجاب را نمی‌خواهند مبارزه می‌کند. زنان با حجاب برای بی‌حجابی در ایران تظاهرات کردند و به این دلیل زندانی شدند.

مشکل حجاب نیست، نوع حجاب است. به من بگو حجاب تو از چه نوع است؟ خانم مریم رجوی مسلمان برای جدایی دین از دولت، آنچه که ما لائیسیته می‌نامیم مبارزه می‌کند، برای برابری زن و مرد، برای لغو اعدام و الغای احکام شریعت... اینست حجابی که بر سر دارد.

من از این حجاب ترسی ندارم. برایم غریبه است اما این غریبه یک دیگری است، یک فرهنگ، یک غنا. مادر و خواهر من حجاب ندارند آنها در فرانسه به دنیا آمده‌اند و با فرهنگ یهودی- مسیحی بزرگ شده‌اند. خانم رجوی در تهران متولد شده و مسلمان است. مادر و خواهر من در ۲۵ دسامبر نوئل را جشن می‌گیرند که خطرناک‌تر از حجاب مریم رجوی و یارانش نیست، همان است. برای من یکی است. باید همین باشد.

کمتر بترسیم. حجاب‌ها را با هم اشتباه نگیریم. مایلم در دنیایی زندگی کنم که پراز حجاب‌های رنگارنگ، پر از دامن های کوتاه (مینی ژوپ) باشد، دنیایی که در آن زنان هر آنچه مایلند بپوشند.

در آخر باید گفت که لائیسیته فرانسه زیباست اما نباید آن‌را به‌زور به‌سایر کشورها، تمدن‌ها و فرهنگ‌ها چسباند.

ممنوعیت ورود زنان بی‌حجاب به ادارات و سازمان‌های دولتی

روحانی: ورود زنان بی‌حجاب را ممنوع کردم

بخشی از کتاب خاطرات حسن روحانی
رئیس جمهور رژیم

«طرح مسئله پوشش و حجاب زنان در اسفند ۱۳۵۷ بدون مشکل نبود و تا مدت‌ها مسئولین را به خود مشغول کرد. پس از ۲۲ بهمن که سازمان‌ها و ادارات دولتی کار خود را آغاز کردند و مدارس نیز از اواسط اسفند به فعالیت پرداختند، شمار زیادی از خانم‌های کارمند و دانش‌آموزان دختر، بدون حجاب و با سر برهنه در ادارات و سازمان‌های دولتی حاضر می‌شدند و در میان آن‌ها، گاهی زنان باحجاب در اقلیت بودند. بعضی پرستاران بیمارستان‌ها و پزشکان و معلمان زن نیز بدون روسری به محل کار خود می‌رفتند و در خیابان‌ها هم زنان بی‌حجاب رفت‌وآمد داشتند. البته زنان باحجاب نیز فراوان بودند و در همه‌جا به چشم می‌خوردند. به‌هرحال اول بار، علمای قم به بی‌حجابی زنان اعتراض کردند و گفتند: «در حکومت اسلامی همه زنان باید باحجاب باشند. امام نیز دریکی از بیانات خود به لزوم حجاب برای زنان اشاره کردند و همین باعث شد، عده‌یی از زنان بی‌حجاب در خیابان‌ها تظاهرات کنند و در مقابل کاخ دادگستری و نخست‌وزیری تحصن نمایند. در این هنگام نیز آقای طالقانی پاپیش گذاشت و سخنانی درباره حجاب ابراز کرد و گفت: «حجاب اجباری نداریم و خانم‌ها باید خودشان حجاب را انتخاب کنند.» در اینجا نیز نظر آقای طالقانی با نظر علمای دیگر متفاوت بود.

به یاد دارم روزی آقای بنی‌صدر به سازمان رادیو تلویزیون در جام جم رفته

بود و در آنجا زنان بی‌حجاب دور وی جمع شده و پرسیده بودند که دلیل لزوم حجاب زنان چیست. بنی‌صدر در پاسخ بحثی کرد و در ضمن خود گفت: «زن‌ها باید روسری سر کنند، زیرا از موی سر آنان اشعه‌یی متصاعد می‌شود که باعث می‌شود چنین و چنان شود! این سخنان، موجب تعجب همه شده بود. گروهک‌ها و مجاهدین خلق هم اطلاعیه می‌دادند که حجاب نباید اجباری شود یا نه. خلاصه همان‌طور که اشاره کردم، آقای طالقانی در سخنان خود گفت: ما نمی‌توانیم زنان اهل کتاب را مجبور به پذیرفتن حجاب کنیم، ولی مسلمانان را می‌توانیم تشویق کنیم که حجاب داشته باشند و درهرصورت نباید کسی را به‌زور باحجاب کنیم. باوجوداین، در ستاد ارتش با دوستان تصمیم گرفتیم حجاب را الزامی کنیم که آغازی برای وزاتخانه‌ها و ادارات دولتی باشد.

طرح اجباری شدن حجاب در ادارات مربوط به ارتش، به عهده من گذاشته شد و بدین‌جهت در گام اول، همه زنان کارمند مستقر در ستاد مشترک ارتش را که نزدیک به سی نفر بودند، جمع گردم و پس از گفت‌وگو با آنان قرار گذاشتیم از فردای آن روز با روسری در محل کار خود حاضر شوند. زنان کارمند که همگی به جز دو یا سه نفر بی‌حجاب بودند، شروع کردند به غر زدن و شلوغ کردن، ولی من محکم ایستادم و گفتم: از فردا صبح دژبان مقابل درب ورودی موظف است از ورود خانم‌های بی‌حجاب به محوطه‌ی ستاد مشترک ارتش جلوگیری کند.

پس از ستاد ارتش، نوبت به نیروهای سه‌گانه رسید. در آغاز به پادگان دوشان تپه رفتم و همه‌ی کارمندان زن را که تعداد آن‌ها هم زیاد بود، در سالنی جمع و درباره حجاب صحبت کردم. در آنجا زن‌ها خیلی سروصدا را انداختند، اما من قاطعانه گفتم: «این دستور است و سرپیچی از آن جایز نیست». بعد توضیح دادم که ما نمی‌گوییم چادر سر کنید، بحث چادر مطرح نیست، سخن بر سر استفاده از روسری و پوشاندن سر و گردن است. درنهایت، در آنجا هم گفتم به دژبان دستور داده‌ایم از فردا هیچ زن بی‌حجابی را به پایگاه راه ندهد. در نیروی

زمینی و نیروی دریایی نیز برای کارمندان زن صحبت کردم و با خواندن آیات و روایات و کشاندن بحث به حجاب، موضوع را تبیین کردم و دست‌آخر نیز با بخشنامه، رعایت حجاب الزامی شد. بحمدالله این تلاش‌ها نتیجه‌ی مثبت داشت و پس از تعطیلات نوروز، همه‌ی زنان کارمند در ارتش با روسری به محل کار خود می‌آمدند. در وزاتخانه‌ها و سازمان‌های دولتی و حتی صداوسیما نیز به‌تدریج حجاب عملی شد و همه زنان با روسری از خانه بیرون می‌آمدند. البته در روزهای رفراندوم هنوز شماری از زنان بی‌حجاب بودند و با سر برهنه در پای صندوق‌های رأی حاضر شدند، ولی این معضل اجتماعی خیلی زود جمع‌وجور شد و به سامان مناسبی رسید».

به‌نقل از: کتاب «خاطرات دکتر حسن روحانی»، جلد اول، ص ۵۷۱، منتشر شده توسط مرکز اسناد انقلاب اسلامی، ۱۳۷۸.